Ouça este livro em
formato de Áudio-book

BRUNO CHAGAS

DO ZERO AO MILHÃO DE UM CAMPEÃO DE VENDAS

SOUL EDITORA

TÍTULO ORIGINAL EM PORTUGUÊS: DO ZERO AO MILHÃO DE UM CAMPEÃO DE VENDAS

Diretor Editorial: Peterson Magalhães
Editora-chefe: Chris Donizete
Capa e Projeto Gráfico: Equipe Soul
Revisão: Simone Souza,
Mariana Rocha & Tânia Tgart
Capista: Yago Angelini Candido
Fotos: Acervo pessoal do autor
Diagramação: Thalita L. Prudêncio

SOUL EDITORA
Rua Conceição da Barra, 67 Jardim
São Paulo Sede própria
CEP: 02039-030
originais@souleditora.com.br
www.souleditora.com.br

Dados Internacionais de Catalogação na Publicação (CIP) de acordo com ISBD

C433l Chagas, Bruno

Do zero ao milhão de um campeão de vendas. Bruno Chagas - São Paulo: Soul Editora, 2023.

234 p. ; 16cm x 23cm.

ISBN: 978-65-86178-48-7

1. Vendas 2. Comunicação I. Título.

2022-473 CDD 658.812
CDU 658.814

Elaborado por Odilio Hilario Moreira Junior - CRB-8/9949

Índice para catálogo sistemático:

1. Vendas 658.812

2. Vendas 658.814

DEDICATÓRIAS

Com gratidão, dedico esta obra a Deus, por ser essencial em minha vida, autor do meu destino, meu guia e, socorro presente em todas as horas. Devo a Ele tudo o que sou. Sem Deus Pai somos frágeis humanos e nada seria possível.

Esta obra da minha vida é Deus, criador do nosso Universo, pois senti sua presença ao meu lado durante toda a execução deste trabalho. Que este livro seja um instrumento de Sua paz.

Dedico este livro aos meus pais, José Raimundo e Eunice Marques, pelo apoio incondicional em todos os momentos difíceis da minha trajetória pessoal e profissional. Vocês são os pilares da minha formação como ser humano. Suas presenças, durante a minha jornada, tornaram tudo mais fácil.

Dedico à minha esposa Margarete pela sua ajuda em manter nosso lar funcionando, perfeitamente, enquanto eu investia tempo neste projeto. Este livro é dedicado inteiramente a ela, minha alma gêmea. Aos meus filhos maravilhosos, Daniel e Giovanna, que são a razão do meu viver e presentes de Deus.

SUMÁRIO

DEDICATÓRIAS 5

AGRADECIMENTOS 9

NASCE UMA SEMENTE POSITIVA 23

MINHAS LEMBRANÇAS DA INFÂNCIA 25

HONRA TEU PAI E TUA MÃE 33

NASCE UM VENDEDOR 41

CONQUISTAR PARA VENDER 42

MEU primeiro ESTÁGIO AOS treze ANOS NA COMPANHIA MUNICIPAL DE TRANSPORTES DE OSASCO 45

CONVERSÃO DA MINHA FAMÍLIA 49

A PAIXÃO PELA MÚSICA 50

MEU PRIMEIRO EMPREGO 62

O SONHO DA CASA PRÓPRIA DOS MEUS PAIS 70

ENTRANDO NA UNIVERSIDADE 75

MINHA ADMISSÃO NA WÜRTH 87

CONFIRMAÇÃO DO NOSSO CASAMENTO 98

O NASCIMENTO DOS MEUS FILHOS DANIEL E GIOVANNA 101

PLANO DE CARREIRA 103

UM ANO INCRÍVEL 108

CRESCIMENTO PROFISSIONAL 113

REALIZAÇÃO DE UM SONHO DE CRIANÇA: CASA PRÓPRIA COM PISCINA 114

PROMOÇÃO: GERENTE DE GRANDES CONTAS 119

CAMPEÃO BRASILEIRO DE FATURAMENTO NACIONAL (SUPRADIVISIONAL) 127

CAMPEÃO DE FATURAMENTO NACIONAL RECORDE R$ 400.000,00. (SUPRADIVISIONAL) JULHO/2023 136

50 ANOS DE WÜRTH NO BRASIL, 1972-2022 140

DEPARTAMENTOS E COLEGAS ESPECIAIS 148

EU ACREDITEI NA DIVISÃO DE CONSTRUÇÃO CIVIL DA WÜRTH DO BRASIL 159

A CONQUISTA PARA A VIAGEM DA ALEMANHA 155

MEU PROPÓSITO DE VIDA 180

Reflexão dos casos, preste bem atenção: 184

SUPERAÇÃO X VITÓRIA 186

NOSSA!
VOCÊ É VENDEDOR?
ACHEI QUE FOSSE ENGENHEIRO 194

O QUE VOCÊ FEZ
DA SUA VIDA? 197

DEUS NO COMANDO DE NOSSA MENTE 203

MINDSET (CONFIGURAÇÃO MENTAL) 207

A PÓS-GRADUAÇÃO 217

MENSAGEM FINAL 222

AGRADECIMENTOS

A Deus, primeiramente, pois este livro só foi possível com sua permissão. Por isso, minha eterna gratidão a Ele, pelo furor de vida e pela oportunidade que estou tendo de escrever sobre a minha trajetória (que considero de sucesso), para que esta possa inspirar e ajudar outras pessoas.

Aos meus pais, que na sua simplicidade, contribuíram na elaboração desta obra. Minha gratidão por tudo o que fizeram por mim. Fico feliz, pois posso agradecer nessa atual fase da minha vida: minha mãe, você sempre foi meu combustível de motivação e entrega; me apoiou em tudo... Me lembro quando tinha seis anos de idade e você me perguntou: "Filho, você vai cuidar da mamãe quando for adulto?" - O tempo passou e estou aqui, firme e forte, para te apoiar em qualquer situação. Ao meu pai, José Raimundo, que me mostrou o significado das palavras comprometimento e seriedade no trabalho. Quando eu quis largar tudo, você um dia sabiamente me mostrou a passagem bíblica de Mardoqueu, me dando forças para lutar. Sua frase soa no meu ouvido até hoje: "Filho, ande com pessoas iguais ou melhores que você intelectualmente". Saiba, pai, que essa frase foi melhor que qualquer dinheiro ou bem material.

Aos meus irmãos que também me apoiaram, pois cada um contribuiu com um depoimento sobre minha vida e emanaram muita energia positiva para este trabalho. Em especial, ao meu irmão Eric, que me emocionou com seu depoimento feito de coração e alma. Saiba que toda vez que eu o leio, as lágrimas me vêm aos olhos. Minhas irmãs, Adriana e Camila, minha gratidão por contribuírem com os depoimentos, pois vocês viram tudo de perto em minha vida. Eu tenho saudade de quando todos nós íamos à igreja juntos, bons tempos de nossa infância.

À minha eterna namorada Margarete, minha esposa, que apoiou meu projeto desde o início e no momento que eu quis desistir da empresa Würth, em 2014, ela me mostrou que eu tinha condições de superar os meus limites e recordes nas vendas. Sua paz, sua tranquilidade e seu amor me fazem lutar dia após dia para de fato cuidar da nossa família. Minha gratidão pelos filhos lindos que me concedeu, Daniel Chagas e Giovanna Chagas, ambos frutos do nosso verdadeiro amor, que um dia Deus confirmou por sua palavra, usando um servo de Deus. Eu amo vocês.

À família da minha esposa, Senhor Gerônimo e Dona Maria Rita, pois nos forneceram um imóvel para morar durante cinco anos, bem no início da minha carreira. Eu agradeço a bondade de morar em seu quintal, pois foi uma experiência louvável, que me deu a oportunidade de sonhar e buscar meu primeiro imóvel. A todos os irmãos de minha esposa: Márcio, Vanessa e Patrícia.

A todos os meus tios, tias e parentesco no modo geral - minha gratidão pelos momentos em que convivemos.

Agradeço à Irmandade da Congregação Cristã no Brasil (CCB) do Jardim Conceição, em Osasco – São Paulo, onde tive a oportunidade de crescer nesse meio e sou grato por tudo o que Deus colocou em seus corações, até mesmo um mutirão para construírem a casa dos meus pais nos anos de 1996. Lembro-me muito bem de tudo o que fizeram por nós, por isso, sempre digo que tudo o que eu fizer por essa Irmandade será pouco diante do tamanho de minha gratidão.

À Orquestra do Jardim Conceição, onde aprendi a música junto com meu instrutor Ivanildo Ferreira, que foi um anjo, mesmo firme e sério, e que me conduziu ao processo de aprendizagem em sua residência e na igreja; ao nosso encarregado de Orquestra, João Batista e ao segundo regente Edson Aluísio, minha gratidão por terem me ensinado música gratuitamente e dedicado horas no ensino musical. Essa essência Deus derramou em meu coração e hoje virou um propósito de Deus na minha vida transferir um pouco do ensino musical teórico e prático do lindo violino para meninos humildes de nossa comunidade Jardim Conceição – Igreja Congregação Cristã.

Ao meu saudoso instrutor do método de solfejo João Carneiro (in memoriam). Saudade do seu sorriso, mas saiba meu irmão, que você marcou meu coração e hoje replico sua experiência para os demais.

Aos meu irmão Clayton Sandro de Almeida, que foi um irmão em Cristo, pois crescemos juntos. Aprendi muito sobre o amor para com o próximo com você. Afinal, quantas vezes dividimos o pão com os meninos do Conceição?

A toda a Irmandade e Orquestra Jardim Conceição, Osasco/ São Paulo. Tenho muita honra e muito orgulho de fazer parte deste grupo. Juntos somos unidos e mais fortes. Aqui um grupo de guerreiros: Hallan Jones, Renato Afonso, Henrique Barbosa, Leandro Ramos, Willian Jodas, Samuel Justiniano, Samuel Henrique, Fernando Torres, Paulo Santos e Gabriel, minha gratidão a todos, pois cada um passou uma experiência de vida junto a mim.

Aos meus alunos que no momento mais difícil da minha carreira, sem saberem, estavam me ajudando: Matheus Campos, Naate Lopes, Samir, Onésimo, Samuel Rodrigues, Moisés, Jonas, Guilherme e os demais; todos vocês fizeram diferença, pois esse é propósito de Deus. Dividir um pouco de conhecimento.

Aos meus professores de música: João Lopes, Matheus Tonete, Moisés Tessalo, Jonas Mafra e aos demais, todos vocês me ajudaram muito. Obrigado pela paciência.

Quando eu tinha dezoito anos, recebi da Construtora Viatec (DP BARROS), representada pelo engenheiro Pedro Barros, uma bolsa de 50% para fazer a faculdade de Engenharia Civil. Durante três anos esse valor me ajudou muito nas mensalidades, por isso, minha eterna gratidão, pois realizei o sonho de estudar em uma universidade, sendo filho de um cobrador de ônibus. Minha gratidão, pois vocês pagaram vários cursos na minha formação.

Meu agradecimento à Würth do Brasil, onde estou há cerca de vinte anos, defendendo as cores da empresa e sinceramente, minha gratidão pela oportunidade em aprender tanto com essa companhia. Entrei ganhando uma bolsa auxílio e hoje posso ver a benção de Deus em minha vida, porque tive a oportunidade de passar por vários cargos e, conhecer alguns países, mas ter a chance de sobreviver por intermédio das vendas, de fato, foi um marco na minha carreira. Essa empresa foi uma universidade comercial na minha vida. Aqui realizei vários sonhos: casa própria, casa de veraneio, viagens internacionais, formação de minha família e, tudo isso foi previsto certo dia em uma pregação na Igreja do Jardim Conceição, por intermédio de um homem usado por Deus.

À Soul Editora que teve paciência de me conduzir nessa missão, acreditando no meu potencial.

Se Deus é por nós, quem será contra nós?

Romanos 8:31

Deus te diz:

"Suporte o processo que o propósito vai ser lindo"

Autor desconhecido

PREFÁCIOS

A coragem de escrever um livro sobre a história de sua vida, os sacrifícios e as duras batalhas pessoais, com uma assinalável carreira profissional, marcada por uma trajetória de sucesso na nossa empresa Würth é um fato marcante na vida de qualquer pessoa e por isso nos enche de orgulho de ter o Bruno Chagas fazendo parte da nossa família.

São as escolhas da vida que apuram o caráter e que moldam os valores de cada um. O que somos hoje é o resultado dos caminhos que percorremos como consequência das várias opções tomadas ao longo dos tempos. É como nos entregamos aos vários desafios, pois a vontade e a determinação de vencer, de dar sempre o melhor de si fazem a marca dos vencedores. E esse tem sido o registro de vida do Bruno: um vencedor!

Ser um campeão de vendas é um marco de uma carreira, mas mais importante do que isso é ser campeão todos os dias, ter caráter, respeito e profunda admiração e reconhecimento de todos os que o rodeiam. O Bruno consegue isso espontaneamente, com uma naturalidade que ele sabe transportar para a sua relação com os colegas e clientes, que o colocam como uma referência e exemplo para todos.

Ter a oportunidade de trabalhar com pessoas como o Bruno Chagas é um privilégio e um prazer para qualquer profissional. A nossa empresa e todos os que têm desfrutado da sua companhia e sã camaradagem, onde eu me incluo, com muita satisfação, só têm a agradecer a este colega que, desde os seus 21 anos, está conosco e que muito tem dado para o crescimento da Würth do Brasil.

Com certeza sua família teve e tem um papel decisivo nas inúmeras conquistas realizadas. Qualquer grande homem e profissional necessita sempre de uma família na sua retaguarda, com apoio constante e que seja o seu "porto seguro" todos os dias. Não tenho o prazer de os conhecer, mas tenho a certeza de que Bruno tem uma esposa e dois filhos maravilhosos para quem, com certeza, este livro terá uma dedicatória especial. Da minha parte, o meu obrigado por conviver com este Bruno sempre de bem com a vida. De conhecer esta obra que Bruno partilha conosco, o seu exemplo de vida, que o fez se sentir um homem realizado como pai, esposo e profissional. Que o seu exemplo, a sua determinação e a sua lição de vida sirvam de inspiração a todos aqueles que ainda não encontraram o caminho para a felicidade.

Um forte abraço,

JOÃO CRAVINA
VICE-PRESIDENTE DA AMÉRICA LATINA
WÜRTH

Bruno Chagas:

PROFISSIONAL

Com grandes valores e muita dedicação, Bruno Chagas construiu uma linda carreira em nossa empresa nesses vinte anos de jornada em que está conosco.

Atravessando vários departamentos e funções e, nesses últimos anos, foi responsável pelo atendimento dos clientes de "Grandes Contas" em nossa divisão de Construção Civil.

Disciplinado e com alto rigor no atendimento, criou, além de uma excelente performance em resultados, um grande laço comercial entre nossa empresa e os clientes, o que é fundamental para o bom desenvolvimento dos negócios.

Sua capacidade técnica na abordagem dos negócios leva o cliente ao conhecimento, à melhoria de processos e à redução de custos, enfim, um profissional que se reinventa a cada ano, melhorando e construindo passo a passo seu futuro.

PAI

Bruno Chagas sempre foi preocupado, tendo um zelo especial pela família como base de sustentação para tudo. Além disso, transfere valores fundamentais aos filhos, o que é um motivo nobre nos dias atuais.

PESSOA

Relacionamento, preocupação com a comunidade, simplicidade e olhar para o país são marcas também do Bruno. Com uma habilidade nata em instrumentos musicais, por exemplo, o violino, iniciou um projeto para "ensinar" jovens usar esse bonito instrumento. Porém, mais do que ensinar a tocar, Bruno resgata jovens para o caminho da cultura, para família, e por que não para o caminho da música? Isso, para mim, também é uma marca importante desta grande pessoa.

Enfim, um breve resumo deste profissional, pessoa e pai que temos a oportunidade de ter em nossa empresa, defendendo nossas cores, aprendendo e ensinando todos os dias nesta bonita trajetória de sucesso.

SR. MARCO AVELINO
DIRETOR COMERCIAL
WÜRTH

Conheço Bruno Chagas desde o seu primeiro dia na nossa empresa, pois eu já aqui estava há outros dez anos. Bruno iniciou a sua trajetória conosco como estagiário, tendo atuado na área de Desenvolvimento de Produtos da Empresa. Em razão da sua intensa curiosidade e de querer se desenvolver como profissional, voltou-se cada vez mais para a área comercial.

Sua formação acadêmica como engenheiro muito lhe ajudou nas conversas mais técnicas com os clientes do nosso segmento de Construção Civil, onde segue atualmente.

Ao longo desses anos, Bruno atingiu e superou muitos recordes, tendo se destacado pelos níveis de negócios que trouxe para nós. O seu êxito profissional junto à Würth é fruto desse perfil profissional e pessoal: humildade, dedicação, resiliência, capacitação técnica e o desejo contínuo de fazer o melhor...

Certamente um profissional cujos passos podem servir de referência para muitos!

TADEU ROSSETTO
DIRETOR FINANCEIRO
WÜRTH

Escrever é uma arte para poucos, conseguir expressar com palavras os sentimentos, fatos ou a história de uma vida definitivamente é um dom divino e raro.

Bruno, tenho certeza de que seu livro será um grande sucesso, afinal, essa tem sido sua trajetória até aqui, uma vida de desafios enfrentados com brilhantismo e conquistas oriundas de muito trabalho e competência.

Nós nos conhecemos há mais de vinte anos e, durante todo esse período, pude acompanhar seu desenvolvimento profissional, sua dedicação e seu comprometimento aliados ao seu potencial em fazer as coisas acontecerem, resultaram nesse profissional de tanto sucesso.

O que dizer do ser humano Bruno Chagas? Antes de tudo, que é uma pessoa correta e de caráter, bem-humorada, positiva e que sempre tem uma palavra de motivação e carinho quando se precisa, é o tipo de pessoa com quem se tem prazer de estar próximo.

Bruno, quero finalizar este depoimento dizendo que tenho uma grande admiração por você e é sempre um privilégio trabalhar em sua companhia. Aproveito para desejar que seu livro sirva como inspiração profissional e de vida para quem tiver a felicidade de o ler.

JAIRTON NUNES
DIRETOR DE TECNOLOGIA DA INFORMAÇÃO E LOGÍSTICA
WÜRTH

INTRODUÇÃO

"ESSE SUJEITO AÍ TEM CARA DE PADRE. NÃO VAI TER SUCESSO NUNCA!..."

Esta frase mudou a minha vida...

Veja bem, independentemente de sua crença ou religião, você tem um princípio na vida e eu creio que não precise fazer nada para agradar o meio social em que vive para provar o seu valor. Percebi isso quando me deparei com a frase acima. Eu estava migrando para a área de vendas, com muito entusiasmo, energia e alegria em saber que essa mudança poderia mudar minha vida no sentido de direção e financeiro. Era o início do ano de 2011 e cheguei à Würth para participar da minha primeira reunião atuando como vendedor, pois anteriormente eu pertencia à área técnica de produtos. Quando me dirigi até a sala, ouvi a seguinte frase por parte de outro vendedor: "O Bruno Chagas vai ser vendedor? Meu Deus, esse cara é muito chato, evangélico, não bebe, não fuma, não usa substância ilícita, e o principal, não vai para boate pegar as meninas... O homem não trai a mulher, é um bobão. O cara tem cara de padre."

Quando ouvi isso, não vou negar que fiquei muito chateado, mas dentro de mim nasceu algo muito positivo, pois estava sendo criticado pelos meus valores. Meu pensamento se voltou à minha infância, onde me lembrei imediatamente dos conselhos dos meus pais e dos meus professores que plantaram coisas excelentes em minha mente, moldando o meu caráter. Portanto, pratiquei a técnica da autossugestão e, disse a mim mesmo, mentalmente, forçando o meu subconsciente: "Fecharei tantos contratos de valor agregado, onde usarei a ética nos negócios, consequentemente não traindo meus princípios cristãos e, principalmente, minha família. Não preciso usar de técnicas de bajulação e adulação para ser querido pelos outros. Eu já me vejo sendo campeão de vendas em cinco anos, sendo um rapaz digno e honesto no meio em que vivo".

Esse rapaz, que também faria parte da reunião, disse de uma forma não pensada coisas muito duras, que poderiam ter despertado em mim a ira, rancor, ódio, emoções negativas, mas, de fato, com o conhecimento na Bíblia que eu já tinha, não permiti que isso me machucasse e nem me mudasse em nada. Foquei na imagem do bom vendedor, que atende os seus clientes com alma e coração e, principalmente, gostando de pessoas de verdade. Nenhuma venda será realizada se o cliente não sentir em você o seu traço de personalidade.

Seu caráter positivo é sentido de forma invisível, não adianta você falar com a boca cheia: "Eu tenho caráter!", pois ele é manifestado de uma forma espirituosa, em silêncio.

Assim como um artista desenha em sua mente uma obra cheia de formas e harmonia, misturando cores magníficas, eu me imaginei tendo sucesso como vendedor, me destacando. Então vi a mim e a minha esposa em nossa casa própria, na mesa, com nossos filhos, participando de uma mesa farta e viajando para um resort bacana para curtir as férias. Nós todos merecemos ter uma vida abençoada. E para mim, que não me desviei dos meus princípios, Deus preparou clientes e amigos que fecharam muitos bons negócios e até os dias de hoje, isso sempre vem ocorrendo. Glória a Deus!

REFLEXÃO:

PESSOAS QUE RECLAMAM MUITO SÃO IGUAIS À AREIA MOVEDIÇA QUANTO MAIS VOCÊ RECLAMA, MAIS VOCÊ AFUNDA.

SE VOCÊ SE ALIMENTASSE DE CADA PALAVRA QUE SAI DA SUA BOCA VOCÊ SERIA NUTRIDO OU ENVENENADO?

AUTOR DESCONHECIDO

Primeiro grau do ensino fundamental
Escola Graciliano Ramos.

NASCE UMA SEMENTE POSITIVA

A partir dessa reunião, dentro da minha mente, nasceu a fome da vitória pelo título de Campeão Nacional de Faturamento da Würth e eu agradeço todos os dias por esse rapaz ter dito aquilo, pois ele me ajudou muito a mudar minha própria postura. Afinal, o único concorrente que existe, meu amigo, é nossa própria mente. As pessoas sofrem por sua imaginação e, consequentemente pela lei do efeito reverso, eliminam a força de vontade.

Vou dividir com vocês a minha história que se iniciou com uma caixa de sorvete em Osasco/São Paulo e que foi a minha primeira escola de vendas, que eu não troco por treinamento nenhum deste mundo, pois me deu ferramentas e atitudes que uso até os dias de hoje e me permitiram ter uma mentalidade sábia para atingir o que de fato o nosso vice-presidente, Sr. Cravina disse em um bate-papo superagradável: "Você, menino, é uma mistura de esforço e superação. A resultante disso em sua vida é a glória".

Foi com o que aprendi dentro de casa e na rua como vendedor, ainda uma criança, que consegui atingir o título de Campeão Nacional de Vendas Supradivisional (todos os setores da empresa), depois de apenas cinco anos.

Saiba, querido(a) leitor(a), que não importa a sua religião, seu trauma, sua psicose, Deus lhe deu uma mente espetacular que, quando gerenciada com sabedoria, o levará a um universo cheio de amor, paz e prosperidade.

Não se sinta inferior a ninguém, acredite em Deus, coloque O à frente do exército e você vencerá muitos obstáculos na sua vida.

Acredite nisso!

“O QUE SEMEIA JUSTIÇA,
TERÁ RECOMPENSA VERDADEIRA.

PROVÉRBIOS 11.18”

MINHAS LEMBRANÇAS DA INFÂNCIA

O meu desejo sincero com esta obra é mostrar um pouco da minha vida, da minha trajetória que foi marcada com muita energia e entusiasmo, pois sempre enxerguei na vida possibilidades e jamais barreiras. Começo a pensar na energia que tive para obter sucesso, pois, quando era criança, fazia coisas de crianças, mas sempre ouvia da minha mãe a seguinte frase: "É de pequeno que se faz um homem ou uma mulher de honra". Lembro-me ainda que não fui um menino de brigas e desentendimentos no meu círculo de amizades e sempre enxergava coisas boas em tudo e em todos. Posso dizer que eu era um menino ingênuo.

Certo dia, minha irmã Adriana me arrumou um pacote de dinheiro de mentira (aqueles que a gente vê nos jogos, tipo Banco Imobiliário) e me deu para ir até uma venda próxima comprar doces e balas para nós. Eu, na minha inocência de criança, sem desconfiar da brincadeira dela, fui todo contente... Mal sabia eu que aquele dinheiro não tinha valor algum, pois eu ainda não sabia ler ou compreender os números.

Fui tão alegre e visualizando aqueles doces em minhas mãos que, quando cheguei à venda todo feliz com o dinheirinho apertado na mão e o dei ao dono da venda, ele arregalou os olhos e me disse: "Meu filho, esse dinheiro não tem valor! Você não sabia disso?"

Eu, tão inocente, na pureza de uma criança, disse apenas que minha irmã havia me mandado comprar balas e doces. "Peço desculpas, não quis causar nenhum dano ao senhor". E eis que de repente, um rapaz por nome de Pedro, frequentador do bar, entendeu logo a situação e falou com bondade: "Nossa, menino! Eu não sei o que você tem, mas algo me diz que devo comprar seus doces nesse exato momento". E assim ele o fez. Pediu que eu escolhesse os doces e pagou-os para mim. Saí carregado de balas e doces e ele ainda me disse sorrindo: "Se sua irmã perguntar sobre o dinheiro, diga que, de fato, havia valor sim!"

Percebe que a energia mental da minha pureza e a minha visualização criativa fizeram com que eu, na minha comunhão, tocasse naqueles doces? Quando cheguei a casa, minha irmã olhou para mim e disse:

"Bruno, como conseguiu os doces se o dinheiro não tinha valor?" – Minha irmã olhava tudo boquiaberta.

Depois disso, toda vez que eu ia até as vendas, lembrava-me do moço dos doces. Cheguei a e encontreiá-lo outras vezes. E ele, de forma generosa, me dizia: "Pega o que você quiser, pois gosto muito de você. Tentaram passá-lo para trás, mas aonde eu for, comprarei balas e doces para você".

De fato, eu era muito pobre e não tinha dinheiro para comprar aqueles doces, chocolates etc. Porém, Deus, por sua infinita bondade, preparou uma oportunidade de esse moço me ajudar. Veja bem, uma mente com energia positiva atrai o céu.

Cresci observando a negatividade das coisas, não havia positividade em nada ao meu redor, mas sempre senti Deus em tudo no Universo. A nossa mente tem o poder de captar só coisas boas para a vida, se for treinada para isso e eu, cresci com essa habilidade, de ver o lado bom das coisas. Claro que acontecem as boas oportunidades e se você estiver preparado, saberá usufruir delas.

Nasci na periferia de Osasco e sempre estudei em escola pública. E algo que noto, é que sempre existe um muro de lamentações dos próprios alunos, pois eles são condicionados a repetir a frase que qualquer derrotado ou fracassado gosta de ouvir: "Não tenho condições..."

E um detalhe que chama a atenção: de quarenta alunos de uma sala de escola pública, poucos vão prosperar, pois, veja, é uma questão de mentalidade. Já plantaram coisas ruins em suas cabeças que os impedem de deixar que a semente da prosperidade cresça nas suas vidas. É muito comum ouvir as frases mestras da escassez: "Meu pai não tem condições de pagar um colégio para mim". Ou ainda: "Sou pobre, não tenho dinheiro". "Não tenho condições financeiras para comer um doce na esquina." E por aí vai...

E, sinceramente, eu ficava bravo com aquele universo negativo em torno de mim. A educação dos pais dessas crianças mostra sempre que o dinheiro é algo sujo e podre, mas passar fome para as famílias é algo extremamente natural.

Lembro-me com muito carinho do colégio que estudei no primeiro grau do ensino fundamental, "Graciliano Ramos", situado em Osasco, onde as professoras ensinavam a interpretar um texto e apresentá-lo na frente da sala em uma espécie de chamada oral. Eu via ali uma oportunidade de saber me comunicar com meu grupo de amigos e os outros alunos. Recordo-me o que ouvi de uma professora de que gostava muito, a Marta, da matéria História, que me disse certa vez: "Menino, você fala muito bonito, muito bem! Tenho certeza de que terá um futuro brilhante! Percebo o quanto você leu sobre o assunto que eu solicitei, vejo sua extrema dedicação".

Mesmo hoje, atualmente, recordo-me da emoção que ela colocou no meu subconsciente, pois até hoje consigo me lembrar de qual assunto apresentei na sala de aula de forma individual no ano de 1993: Feudalismo, um sistema à base de trocas de mercadoria.

Perceba bem como se plantam coisas boas... Eu tinha uma professora de Geografia, de cujo nome me lembro muito bem, era Regina. Começava sua aula falando sobre continentes e oceanos, de uma forma leve, ela conseguia pintar em nossa mente aquele universo da matéria. De repente, ela parava a aula e dizia: "Vou fazer dez perguntas e quero que consultem sua imaginação, e me respondam com maestria. Tenho certeza de que vocês são extremamente inteligentes e farão meu questionário da matéria com muito sucesso". Em toda minha vida estudantil, nunca vi uma pessoa com uma grande energia e entusiasmo, ou seja, na minha opinião, ela pintava com um pincel de artista em minha mente toda a matéria, fazendo com que eu imaginasse o que estava dentro de um continente banhado por um oceano. Até hoje me lembro das aulas dessa excepcional professora.

Sinceramente, não me recordo dos nomes dos professores que plantaram negatividade em minha vida, pois eu automaticamente não deixava a semente maligna penetrar e consumir o que de fato me interessava. Sem saber, eu já praticava ações de motivação e quebrava objeções que colocavam à minha frente.

Dentre as várias virtudes que esse menino manifestou desde pequeno, a mais marcante de todas, com certeza, é a fé que depositou em Deus. Bruno começou a vender sorvetes com alguns garotos da vila. Era um menino franzino, com dez anos, e aparentava bem menos idade, mas era muito responsável, com muita alegria e singeleza, entregava todo o dinheiro das vendas nas mãos da nossa mãe.

Ingressou na JUCO (Juventude Cívica de Osasco), também conhecida como guarda-mirim, trabalhava de dia e estudava à noite, e tudo que ganhava era para ajudar em casa. Foi office boy numa construtora civil chamada Viatec, e veio daí a inspiração para estudar Engenharia Civil. Entrou na faculdade, muitos dos colegas do curso vinham de escolas boas e tinham a ajuda financeira dos pais. Já com relaçãoa ele, todo seu salário pagava o curso.

Outra virtude admirável que ele possui é a perseverança. Lutou com todas as forças para ser um engenheiro, foi extremamente corajoso, enfrentou todas as dificuldades do caminho com muita fé, otimismo e bom humor.

Lembro-me de uma vez em que ele foi estudar na casa de um amigo da faculdade chamado Leandro, que morava em Carapicuíba. Ele não tinha o dinheiro da passagem de ônibus para voltar e veio a pé até Osasco, mas não chegou reclamando por isso, estava rindo e de bom humor, falando que as moedas, que não davam para pagar a passagem de ônibus, deram para comprar um pacote de suspiro. Ele sempre foi humilde, e isso o embeleza e enobrece grandemente.

Não me envergonho de contar esses detalhes, tudo isso é o resumo do resumo, e eu agradeço a Deus porque todas as dificuldades que ele passou serviram para moldar o caráter brilhante e generoso de que ele é possuidor.

Não canso de contar esses exemplos da capacidade de enfrentamento das dificuldades, da superação e resiliência desse menino para motivar meus filhos. Sinto-me honrada por fazer parte da história da sua vida como sua irmã mais velha. Gostaria de ter, pelo menos, a metade da perseverança e persistência que você tem.

Que a sua luz brilhe cada vez mais!

ADRIANA CHAGAS, IRMÃ.

Consigo recordar-me de algumas cenas da minha vida, de quando tinha apenas três anos de idade. Interessante que, ao abrir os meus olhos para este mundo, a primeira imagem que me vem à mente é a sua, meu irmão, ao meu lado. Nós dois, crianças, sentados em uma escada e tomando café puro na casa de nossos avós.

Foi uma fase difícil para nós, pois estávamos afastados de nossos pais, mas curioso que, apesar de você ser apenas seis anos mais velho que eu, desenvolvi algo muito maior do que uma relação de irmãos, passamos também a ter uma relação de pai e filho, mestre e discípulo, sem que pudéssemos perceber naquela época.

Bruno Chagas, meu irmão mais velho, sempre foi, para mim, uma figura protetora, um exemplo de irmão, filho, pai, marido, amigo e, sem sombra de dúvidas, de mestre na arte de vender. De bom irmão até a maestria em vendas, tive a oportunidade de aprender várias coisas com ele, pelas quais sou extremamente grato.

Ele é severo, exigente, mas, ao mesmo tempo, dotado de um carisma único e peculiar. Possui um grande segredo pessoal que nem mesmo as pessoas que convivem com ele há muito tempo conseguem às vezes perceber.

O grande segredo deste homem é o grandioso poder de Deus que habita nele e em sua vida. Este poder simplesmente o faz executar qualquer tarefa com extremo amor e dedicação, e em tudo que ele se propõe a fazer, ele obtém um sucesso incrível, ao ponto de as pessoas não compreenderem muito bem como ele consegue obter tanto êxito. Mas esse sucesso não vem porque ele é uma pessoa de intelecto acima da média, ou porque não teve dificuldades e obstáculos na vida, mas porque a energia de Deus, que existe e emana nele, faz com que tudo que ele toque prospere magicamente.

Ele é a personificação do amor Divino, encarnado com pernas e braços humanos. Eu tive muitas vezes a grandiosa oportunidade de ver milagres acontecerem em sua vida e sei que continuarei a ver, pois o amor de Deus que emana de seu coração tem crescido de forma infinita, beneficiando muitas e muitas pessoas Certamente este livro é o puro amor de Deus transformado em palavras impressas nestas folhas de papel.

ERIC CHAGAS, IRMÃO.

É difícil parar para pensar sobre alguém e colocar no papel a importância que essa pessoa ocupa em sua vida. Esse exercício nos obriga a resgatar lembranças, histórias, afetos. Dizem que família a gente não escolhe, mas eu discordo disso. Apesar de sermos sorteados pela vida para nascer em um lar rodeado de pessoas que não escolhemos, chega um momento na vida em que podemos fazer conscientemente tal seleção. Ou seja, podemos decidir com quem queremos continuar compartilhando a vida, preocupando-se nos, rindo, sentindo carinho e amando. O Bruno é uma dessas pessoas que eu decidi continuar amando.

Sou a caçula de quatro irmãos e, pela diferença de idade, já é de se imaginar que o Bruno ocupou um pouco o papel de protetor e de exemplo para mim, e ele foi um ótimo exemplo. Com apenas dez anos, Bruno já trabalhava vendendo sorvete e, poucos anos depois, já estava trabalhando em uma empresa. Vendo isso, eu imaginava que, quando tivesse a idade certa, poderia trabalhar igualmente e ajudar a nossa família, como ele fazia. Acredito que parte da pessoa que sou hoje é consequência do que o Bruno me ensinou, mesmo porque ele é a pessoa mais dedicada que eu conheço. Quando se propõe a fazer ou aprender algo, ele não desiste, mesmo que isso seja difícil. Ele persistiu com a faculdade, com o trabalho, com a música, com a família, com a mulher com quem ele decidiu se casar. Isso é uma das coisas que eu mais admiro nele: sua persistência, sua dedicação e seu compromisso com as coisas e com as pessoas. Pensando em lembranças, tentei recordar alguma briga (sabe aquelas brigas que irmãos têm?), mas não consegui me lembrar de nenhuma. Estranho. Talvez isso tenha acontecido pelo respeito que temos um pelo outro e pelo fato de que, mesmo não concordando em tudo, entendemos as escolhas um do outro.

Sabe aquelas coisas típicas de pais que querem dar aos filhos o que não tiveram? Bem, ele fez isso comigo quando me formei. No dia da minha formatura da faculdade, ele me presenteou com um anel. Esta é uma das lembranças mais fofas que tenho dele: o cuidado em demonstrar que estava orgulhoso de minha pessoa.

O mesmo exemplo que ele é para mim, ele é para os filhos dele, que tiveram sorte de ter um pai carinhoso, presente e que tem coragem de enfrentar a vida com o empenho, persistência e garra.

CAMILA CHAGAS, IRMÃ.

Adriana, eu, Eric e Camila.

Minha irmã Adriana e eu, em festa junina na escola. Eu sempre fazendo o papel de padre.

"HONRA TEU PAI E TUA MÃE PARA QUE SE PROLONGUEM OS TEUS DIAS NA TERRA QUE O SENHOR, TEU DEUS, TE DÁ."

ÊXODO 20.12

HONRA TEU PAI E TUA MÃE

MINHA MÃE, DONA EUNICE

Tenho muito orgulho da mãe que Deus me deu como um presente, pois o que sou hoje é resultado de sua excelente educação. O mais importante na nossa existência não é o fato de ter uma vida farta, cheia de regalias e dinheiro, afinal, quando se é pequeno, todos querem certo conforto, e o que mais marca na infância é a construção da conduta de um homem ou uma mulher na Terra por intermédio da educação. Cresci sendo orientado a não fazer brincadeiras com pessoas deficientes em qualquer sentido intelectual ou físico. Lembro-me de que, na rua da escola onde eu estudava, quando passava algum menino com limitações, os outros começavam a mencionar apelidos. Então, minha mãe me ensinou a ter respeito pelas pessoas e a deficiência está na mente de cada um, e não em membros. Vivemos em uma sociedade muito preconceituosa em vários quesitos. Padrões são criados para implantar a mulher ideal ou o homem ideal.

Existem pessoas que possuem alguma limitação e são gênios de sabedoria com disciplina e consequentemente atingem alta performance naquilo que trabalham, mas há outras, que não possuem teoricamente limitações físicas, mas suas mentes infelizmente, já se aposentaram e dificilmente serão prósperas, pois possuem mentalidades negativas, sempre assistindo aos programas negativos. Assim elas não alcançarão sucesso algum. Lembre-se: semelhante atrai semelhante.

Quando menino, minha mãe plantou em mim a semente de estudar. Fiz datilografia para aprender a usar a forma da mão esquerda e da mão direita e obter familiaridade na digitação. Quando estava trabalhando em meu primeiro emprego, a oportunidade passou, pois precisavam de um garoto que tivesse velocidade e técnica pelo menos para digitar alguns manuais da empresa. Acabei saindo de office boy para estagiar naquele departamento de CPD (Centro de Processamento de Dados) justamente por ter noção de como digitar. Um diferencial que eu tinha, pelo incentivo da minha mãe, que outros meninos que lá trabalhavam não possíam.

Minha mãe marcou muito a minha vida, pois ela tinha uma energia que me contagiava a ir para frente. Não existe no vocabulário dela a palavra "tentar". Minha mãe, quando quer algo, vai até o final. Ela sempre foi minha incentivadora, minha formação acadêmica se deu pela postura segura dela. Eu terminei o segundo grau e disse à minha mãe: "Vou comprar um Monza Tubarão para congregar nas igrejas e tocar meu instrumento". Ela me disse: "Filho, a única coisa que você tem é o estudo e ele o colocará em outra esfera como cidadão e mas, se você não estudar, não vai atingir aquilo que você almeja". Ela, de uma forma leve, plantou na minha mente que eu precisava estudar para ser alguém na vida. Afinal, sem profissão, eu não teria dignidade para ter uma vida confortável.

Tenho muito orgulho, pois ganhei meu primeiro carro, um Voyage 1982, presenteado por minha mãe. Esse automóvel foi roubado no primeiro ano de Engenharia, mas eu vi o esforço dela em me presentear. Guardo essa recordação com muito carinho. Outro detalhe muito importante: fui presenteado com um lindo anel de formatura, que é uma joia da qual tenho igualmente muito orgulho, porque também ganhei da minha mãe. Sempre digo que nossa mãe é o ser mais importante que Deus nos deu, pois o amor de mãe, não é compreendido por um filho, muitas vezes ele não enxerga as lágrimas que correm à noite em seu rosto. Por isso, digo que tenho uma amizade maravilhosa com a minha. Viajamos, almoçamos e mantemos uma conversa prazerosa, e graças a Deus podemos usufruir daquilo que Ele nos concedeu.

Aqui vai uma análise: um filho compra tudo para sua esposa, mas às vezes não compra um fogão sequer para sua mamãe. Houve um dia em que a minha mãe queria reformar a sua cozinha. Na simplicidade dela, conversando comigo, Deus mostrou-me a pureza de uma mãe que não precisa pedir nada. Senti-me envergonhado, pois faço tudo por minha esposa e meus filhos e, para a minha mãe, o que faço de útil? Presenteá-la é uma singela homenagem e, ainda que eu vendesse todos os meus bens, minha mãe não seria nada perto de tudo o que ela já fez por mim. Eu a amo eternamente e espero que ela saiba que sempre estarei firme e forte ao seu lado. Deus foi muito maravilhoso comigo, me dando uma mãe maravilhosa, que me ensinou a buscar o pão de cada dia com honestidade e lealdade. Como meu saudoso avô Antônio Lira (in memoriam) disse quando eu era bebê: eu seria um homem de valor na Terra.

Tenho uma memória maravilhosa e, no primeiro dia de aula na Escola Graciliano Ramos, ninguém sabia escrever uma palavra. A professora foi até o quadro e escreveu algo. Ninguém conseguiu ler e eu compreendi imediatamente: estava escrito MAMÃE. Foi a primeira palavra que eu escrevi e li na Terra.

Bruno, desde muito pequeno, foi sempre responsável, amoroso comigo, com o pai e com os irmãos. Sempre nos ajudando espiritualmente e financeiramente, incentivando-nos a levantar a cabeça e nunca desistir. A mim, especialmente, ajudou no pior momento da minha vida; quando todos tinham se cansado de mim, foi ele quem me levantou do chão, e eu nasci de novo através dele. Não ajudou só a mim, mas muitos amigos, irmãos de fé, os próprios irmãos e todos aqueles que Deus colocou em seu caminho com necessidade. Um coração puro, fiel a Deus e a todos os seus compromissos. Se fosse falar de todas as suas qualidades, diria apenas: Obrigada, Deus, por me dar nessa Terra um filho tão iluminado e cheio de amor. Um livro inteiro não daria para eu escrever sobre esse anjo com que Deus me presenteou.

EUNICE MARQUES, MÃE.

Meu pai, José Raimundo

Meu pai sempre foi um homem trabalhador. Tenho muito orgulho dele! É cobrador de ônibus no transporte público. Eu tinha oito anos e ele já trabalhava nessa área; às vezes algumas pessoas perguntavam por que meu pai não era motorista, por que não cresceu na empresa? Mas eu sempre tive nele o exemplo da disciplina e da pontualidade. Lembro-me das madrugadas em que ele acordava havia muitos anos, inclusive até hoje trabalha. Não me canso de dizer a frase que mudou a minha vida. Foi quando ele estava inspirado e falou para mim: "Filho, ande com pessoas que sejam intelectualmente iguais ou superiores a você".

Isso vale mais do que uma mesada ou presente para um filho, pois me mostrou o significado de fazer amigos com um propósito puro e único.

Lembro-me da sua luta para cuidar de nossa família com seu dinheiro suado e isso, saiba, me deu muita força para buscar na Terra uma vida de superação profissional e pessoal. Vivemos momentos extraordinários, pois nosso passado nos tornou cascudos para encarar os dias de hoje. Me lembro que cheguei um dia para ele e falei: "Pai, não consigo tocar violino, é muito difícil." E ele me falou na sua simplicidade: "O homem trabalha na Nasa[6] lançando foguetes, e você não opera um violino? A limitação está em sua mente, meu filho!" Saí dessa conversa e em poucos meses estava tirando minhas primeiras músicas.

6- National Aeronautics and Space Administration. (N. do R.)

O que mais me marcou como adolescente foi uma época que tirei várias notas ruins no boletim de Engenharia Civil. Estava no primeiro ano da faculdade, com dezoito anos, e quis desistir. Porém, meu pai, juntamente com a minha mãe, se ajoelhou e orou comigo. O resultado dessa oração foi a vitória. No segundo semestre, com maestria, fui promovido.

Gosto de dizer com essas palavras: "Obrigado, meu Deus, por ter me dado os melhores pais do mundo!" Eu amo vocês eternamente.

Agradeço a Deus pelo milagre da vida e por tudo de bom que Ele tem feito por nós. Agradeço também por esse filho maravilhoso que Ele me deu, um guerreiro valente, que, quando criança, sofreu muito vivendo num lar onde o vício do álcool dominava. Passamos por muitas dificuldades e, mesmo ele sendo uma criança, não se entregava, ia à luta vendendo sorvetes para ajudar em casa. Foi crescendo e sempre nos ajudando. Sofreu muito nesse campo de batalha que é a vida, mas acredito que, dentro do seu coração, ele era dono de uma certeza: que tinha nascido nessa Terra para ser um vencedor. Lutou, formou-se na universidade como engenheiro civil, e hoje é um homem realizado, mas o que mais me emociona como pai é que, mesmo eu não sendo um pai presente na vida dele por tê-lo feito passar tantos momentos de sofrimento ao meu lado, ele sente orgulho de mim também. Numa noite em uma igreja, ele contou a nossa história a todos e disse que tinha orgulho de ser meu filho. Saiba, filho, que, nesse dia, me emocionei muito. Espero que este livro que você está escrevendo sobre sua trajetória, do qual eu tenho muito orgulho, mostre a todos como você é vencedor. Lembre-se, meu filho, de que os verdadeiros vencedores não são aqueles que nunca fracassam, os verdadeiros vencedores são aqueles que nunca desistem de lutar.

JOSÉ RAIMUNDO, PAI.

Eu e meus pais

"SORVETE,
SORVETE CREMOSO
OLHA O SORVETE CREMOSO."

O ano era 1993. Certa vez, jogando bola com alguns garotos na rua, um deles me falou: "Seu pai foi um pobre que foi pedir uma casa de aluguel para minha avó." Ele me disse exatamente com estas palavras. Seu nome era João, infelizmente já falecido. Tinha tanta maldade em sua fala, a intenção era expor minha família na frente dos outros garotos. Um menino de índole má.

Eu tinha o sonho de ser jogador de futebol profissional, mas não tive chance alguma de jogar em escolinha de futebol ou algum projeto social, meus pais não tinham dinheiro para comprar sequer o uniforme, mas eu possuía uma garra incrível. Certa vez, fui sozinho ao SENO, um clube de futebol em Osasco, e aí trouxe o valor da mensalidade e o custo do uniforme para poder participar do time. Minha mãe explicou que não tinham condições de pagar. Lembro-me de que chorei bastante, pois meu sonho era jogar futebol naquele time, onde alguns jogadores conhecidos, como Kleber (Gladiador, ex-Palmeiras), e Ceará (ex-lateral do Internacional) dentre outros, tinham jogado.

Eu criava times nos bairros e organizava campeonatos; meu quintal era meu campo de futebol, jogava horas por dia. Sei que parece absurdo, mas era o que acontecia. Chegava às 11h30 da escola e, no período da tarde e da noite, jogava bola. Minha mãe precisava me chamar para entrar. Era um tempo muito gostoso.

A casa em que morávamos era pequena, com apenas dois cômodos. Lembro -me também que, no final desse ano difícil, minha mãe comprou um panetone e fez a ceia do Natal de uma forma simples, porém, aquele banquete humilde marcou meu coração. Estávamos juntos e era isso que importava!

Foi nessa época que comecei a entender nossa situação financeira. Sempre acompanhei meu pai contando o dinheiro, é uma memória boa que tenho. Gostava de sentar-me com meus pais à mesa, vê-los separando o dinheiro: esse é para água, esse para a luz... e vinha a pergunta: Quanto sobrou? Nada! Mas, mesmo assim, meu pai nos dava dinheiro para ir à venda e comprar um gibi e um doce. Ficávamos supercontentes, valorizávamos aquele dinheirinho, aquela moedinha. Porém, aquela situação começou a me incomodar. Dos meus irmãos, eu sempre era o atento a tudo ao meu redor e sentia que precisava fazer algo para ajudar aos meus pais.

Eu queria muito trabalhar e só pensava nisso, então comecei a procurar emprego em supermercados com apenas dez anos porém os donos ou gerentes diziam que eu era muito pequeno e franzino, que não tinha resistência para ser empacotador. Lembro-me um dia em que minha mãe arrumou um trabalho num mercado próximo de casa, mas, quando o dono me viu, deu uma desculpa, dizendo que a vaga já havia sido preenchida por outra pessoa.

Um dia, vi um amigo (o João) vendendo sorvetes na rua e perguntei a ele como eu poderia fazer para vender também. Ele me disse que pegava numa sorveteria próxima. Então pensei: se eu trabalhar e vender sorvetes, posso ajudar os meus pais. Pedi para que minha mãe comprasse uma caixa de sorvetes e ela assim o fez. Ainda disse a ela que pagaria o empréstimo que fiz. Fiquei muito feliz!

A sorveteria ficava situada no Jardim Santo Antônio, em Osasco-São Paulo, chamava-se Sorveteria Foca. Comprei os sorvetes e coloquei na caixa que minha mãe havia comprado com gelo seco para que não os derretessem. Inicialmente comprei trinta unidades e saí pelas ruas do bairro. Fiquei uma hora andando e não consegui vender nenhum sorvete sequer,... Duas horas, nada, três horas, nada...

A primeira coisa que vem no ouvido da gente é o "diabinho": "Desiste! Você não nasceu para isso," ou "Você é ruim", "todo mundo vende, menos você!". Mas daí pensei: "Espere aí, o não eu já tenho, só preciso criar uma ação. Talvez se eu criar uma rima, alguém me escute".

Foi então que comecei a gritar: "SORVETE, SORVETE CREMOSO. OLHA O SORVETE CREMOOSSOOOO". E foi ali que ganhei o primeiro cliente, o segundo e, em três horas, já tinha vendido todos.

Cheguei bem feliz em casa! Não sabia nem fazer conta direito, mas muito feliz porque tinha vendido tudo.

NASCE UM VENDEDOR

No segundo dia, comprei mais sorvetes e saí para vender novamente.

E, nesse dia, aconteceu um fato muito curioso: perdi uma nota e o lucro estava exatamente nela. Minha mãe, então, me disse: "Bruno, é melhor você parar com isso. Amanhã será o seu último dia, como não está dando lucro, não adianta persistir. Não vamos perder o dinheiro que já não temos!"

Com o coração esperançoso, saí com uma enorme responsabilidade no terceiro dia seguinte e orei para Deus. Minhas preces foram atendidas, pois meu Deus não me desampara. Vendi absolutamente tudo! O custo era trezentos cruzeiros, deu seiscentos cruzeiros de lucro, ou seja, voltei com novecentos cruzeiros. E aí um detalhe muito importante: para quem acredita, pode ser visto até como superstição. Como no dia que eu vendi todo o sorvete, eu estava com um *short jeans* que tinha uma bolinha, a partir do terceiro dia, eu o usava para criar uma identidade de vencedor.

Quando minha mãe chegou, perguntou como tinha sido o dia, e respondi com um sorrisinho maroto no rosto: "Foi difícil, você tinha razão, é muito difícil vender". O famoso "Corvo", o homem pessimista. Quando ela abriu a cortina, viu o dinheiro na cama e perguntou espantada: "Filho, você vendeu?". E novamente respondi: "Vendi, e a partir de hoje andarei com minhas próprias pernas. Está aqui o dinheiro que você me emprestou e o lucro dele".

Senti-me tão importante, um menino tão pequeno, mas um gigante diante da vontade de vencer. Naquele momento, me senti um homem! Senti-me útil. Não era uma exploração como muitos veriam hoje, eu realmente queria trabalhar. Todos os dias saía para vender os sorvetes e atingia o que tinha proposto, pois buscava superar minhas metas. Algumas vezes a venda era tão grande que eu tinha que voltar à sorveteria e repor os sorvetes para atender a todos os clientes. Nos becos mais feios, nos trechos mais difíceis, foi onde achei os bons clientes. Num show de muita raça, perseverança e persistência, eu podia ficar quatro horas sem vender, mas não deixava de cantar.

O tempo foi passando e lembro-me do dia em que tive um recorde de vendas e por isso, comecei a incomodar os sorveteiros do bairro, alguns sobreviviam daquele trabalho, sustentavam a família. Mas a pergunta era: "O que esse menino sorveteiro faz? Nada de diferente!"

Nada de diferente, apenas era dedicado, persistente e cheio de vontade de ajudar a família.

CONQUISTAR PARA VENDER

Eu procurava conquistar a simpatia dos clientes, dava atenção, conversava. Havia construções no bairro e todos os dias vendia dois a quatro sorvetes para cada operário da obra. Certo dia, saí e o tempo estava nublado, as pessoas falavam para eu voltar para casa porque iria chover, mas eu não desistiria. Tinha pegado muito sorvete e precisava vender.

Olhei para o céu e disse: "Senhor, me mostre um caminho para que eu possa vender meus sorvetes!" Então, veio uma força interna e eu persisti. Tempo feio, fechado e eu fui em frente. Foi então que vi uma porta de aço aberta, era uma escola municipal e estava tendo um festival de futsal. Assim que entrei, vi aquela molecada toda e logo começaram a me chamar: "Ei, sorveteiro, sorveteiro!".

Como ninguém impediu minha entrada, fui atender aos clientes que ali estavam. Vendi toda a caixa de sorvete e tive que voltar à sorveteria para reabastecer. Tirei uma ótima lição desse dia: descobri que, na crise, na chuva, na tempestade, há sempre oportunidades, basta estar atento. Tive o meu melhor ponto de contato. Nascia a parceria do sorveteiro com o campeonato de futsal. Sempre de olho nas oportunidades.

Os sorveteiros queriam muito saber onde era que eu estava vendendo os sorvetes a ponto de eu ter que desviar o caminho, porque já tinha até gente me seguindo para descobrir meu ponto de venda.

Eu conquistei alguns fornecedores que produziam sorvetes com sabores especiais, pois conheciam o gosto das pessoas de cada bairro e fui entendendo a minha clientela melhor, isso era o meu diferencial.

Sofri minha primeira ameaça de assalto, por mais incrível que possa parecer, de um outro sorveteiro. Ele quis comprar meu sorvete com uma nota de valor grande e, quando percebi que ele estava usando de má-fé, disse-lhe que daria o sorvete de graça. Eu sabia que, na hora que eu abrisse o meu bolso para lhe dar o troco, ele pegaria todo o meu dinheiro. Dito e feito, ele correu atrás de mim, mas não conseguiu me pegar. Eu era muito rápido, magrinho e ágil. Escapei!

O sorvete me trouxe muito orgulho ao poder ajudar meus pais. A dignidade faz a gente forte e eu, tão miudinho, parecia um gigante por poder contribuir. Tive o prazer de ir ao açougue e comprar um quilo de carne com o suor do meu rosto, do meu trabalho. É assim que eu desenho o início da minha vida de homem, pois me senti um homem de verdade. Isso aconteceu entre 1993 e 1994. Essa lição trago na minha vida: tenha persistência, perseverança e paciência. Em minha opinião, são esses os três pilares de sustentação de um bom vendedor.

A busca pela excelência está na empatia e isso não é ensinado na faculdade ou na família, e, sim, conquistado.

Vender sorvete me ajudou muito, mas, com a mudança do horário do colégio, tive que parar de vender.

Então, em 1994, fomos morar em uma casa nova, de aluguel ainda, porém, maior. Essa tinha três cômodos e, ao lado dela, havia um senhor que vendia produtos para matar baratas (Arraze), um produto leitoso, de tampa vermelha, excelente. Vendia demais já naquela época e até hoje essa marca é muito conhecida na área rural. Acredito que ainda é vendida em alguns lugares.

Eu estudava como ele vendia o produto de porta em porta, pensando que, para vendê-lo, tinha que saber falar sobre ele, seus benefícios e eficácia sem a menor vergonha. Então, tomei coragem e fui ao nosso vizinho e disse: "Quero vender o seu produto para os clientes da rua, como devo fazer?"

Uma nova oportunidade nascia ali. Eu ganharia uma comissão sobre os produtos que vendesse, embora o sr. José tivesse me achado pequeno, mirradinho para o ofício da profissão, pois acreditava que deveria contratar um adolescente de quartoze ou quinze anos. Antes que ele me deixasse vender, fez um teste comigo e ofereceu-me uma vaga de carregador de produtos, ou seja, para trabalhar somente nas entregas. Aceitei na hora, pois aproveitei a oportunidade para provar a ele o meu valor.

Os vendedores faziam as vendas, e eu saía para entregar os produtos. Meus bracinhos doíam muito, mas queria provar que era capaz e, como disse, buscava uma oportunidade de vender. Até que após um tempo, ele acabou me dando a tão sonhada chance.

Perdi minha timidez quando vendi meu primeiro produto. Aprendi a oferecê-lo com segurança, como via o Zé, pai do Eduardo Bessa, fazer.

Ele foi o meu primeiro professor de vendas e, com ele, aprendi uma lição que carrego na minha vida até hoje, que é sobre a importância da entonação da voz para captar a atenção das pessoas. É fundamental conquistar o cliente e eu precisava atraí-lo até o portão; logo eu, um menino de doze anos, com cara de padre. E foi assim que comecei. Com a comissão que ganhei, comprei um tênis para meu irmão e outro para minha irmãzinha. Fiquei extremamente feliz e ajudava nas pequenas despesas da minha casa. Isso, para mim, era muito gratificante!

MEU PRIMEIRO ESTÁGIO AOS TREZE ANOS NA COMPANHIA MUNICIPAL DE TRANSPORTES DE OSASCO

Fui estudar à noite mesmo sem querer, pois, minha mãe dizia que seria o melhor para mim. O Sr. Lourival, um amigo que era dono de uma lanchonete, me deu uma carta dizendo que eu trabalhava durante o dia para ele.

Era como um atestado para que eu pudesse conseguir a vaga noturna.

Foi um choque estudar à noite... Estava acostumado a conviver com pessoas da minha idade na escola e, de repente, me vi estudando com pessoas de dezoito, vinte, trinta anos. Eu era um dos únicos que estava na idade certa, com doze anos, na série certa; todos os outros estavam atrasados. Eu ficava pensando: "Meu Deus, o que estou fazendo aqui?". Eu sofria calado, chorava toda noite, mas nunca falei para minha mãe. Afinal, eu sabia que era bom, precisava trabalhar, mas não queria perder os meus amigos, nem a minha infância.

Entrei naquele colégio, um inferno. No primeiro dia de aula, estava perdido, sentei-me e, ao meu lado, outro menino na mesma situação, da minha idade, que acabou virando um grande amigo: Clayton. Éramos como dois caipiras no meio da metrópole. Ao conversarmos, era nítido que existia uma sintonia entre nós. Clayton trabalhava como office boy em uma empresa que entregava títulos e coincidentemente caiu na mesma sala que eu. Fomos trocando ideias e vimos que morávamos próximo um do outro. Dois inseguros que se deram bem. Parecíamos dois bebês no meio de um monte de velhos, e eu era o vendedor da Arraze que sentia saudades dos meus amigos e da antiga escola. No final, como tudo na vida, fui me acostumando e me dei bem, comecei a ir melhor nas provas. Eu e o Clayton nos destacamos e ajudávamos todos que tinham dificuldades com a Matemática.

Naquele mesmo ano, ingressei na JUCO – Juventude Cívica de Osasco, um lugar maravilhoso para o jovem carente que busca uma oportunidade no mercado. Eles ensinavam de tudo, até a preencher um cheque. Quanta saudades...

Aprendi muito com o Professor Daniel Barbosa, um exemplo de autoridade e respeito para com o cidadão. Ainda no mesmo ano fiz uma prova com quase cem alunos e tive a honra de tirar a maior nota na turma 42 do ano de 1995, aliás, a última turma do ano. Minha nota foi 9,2. Com a boa nota, tinha a oportunidade de ser encaminhado para um bom emprego.

No final de 1995, iniciei na vida profissional numa empresa como estagiário, através da Juventude Cívica de Osasco. O estágio era na CMTO (Companhia Municipal de Transportes de Osasco). No início, estava muito nervoso e isso aflorou minha timidez, mas, aos poucos, fui me soltando. Apesar de ser estagiário, era na verdade um office boy e ganhava um salário-mínimo.

Juventude Cívica de Osasco,
Turma 42

Juventude Cívica de Osasco,
São Paulo

Eu, Eunice: minha mãe,
José Raimundo: meu pai.

CONVERSÃO DA MINHA FAMÍLIA

Em 1995, aconteceu uma enorme felicidade na minha casa: meu pai começou a frequentar uma igreja. O irmão Celso, que era motorista na mesma empresa em que meu pai era cobrador, começou a falar sobre a igreja e sobre o amor de Deus para ele e o convidou a se juntar. Mesmo relutante com a ideia, meu pai me chamou e fomos.

Quando visitou a igreja e viu como funcionava, meu pai sentiu-se em casa. Ficou apaixonado pela organização, mulheres de um lado e os homens do outro. As mulheres com véu... Finalmente meu pai entrou em um templo de que gostou muito, pois, com as outras igrejas em que ele fora comigo e com minha mãe, não se identificara. Posso afirmar que ele teve um encontro com Deus naquele dia: 22 de abril de 1995 e isso fez com que a nossa família passasse a fazer parte da Congregação Cristã no Brasil.

No dia 21 de maio de 1995, meus pais, minha irmã Adriana e eu fomos assistir a um batismo a convite do irmão Celso, que era um grande amigo do meu pai no seu trabalho e que, de certa forma, anunciou o evangelho para ele. O curioso é que meu pai fumou o último cigarro escondido e só foi descoberto porque minha mãe sentiu o cheiro no banheiro.

Quando chegamos à Igreja Central de Carapicuíba, em São Paulo, o pregador, guiado pelo Espírito Santo, falou: "Hoje alguém entrou aqui e fumou um cigarro escondido de sua família. Diz o Senhor que se você obedecer a Sua palavra, o te libertará desse vício". Meu pai deu um grito no banco, dizendo que era ele e queria se batizar naquele momento. Eu achei muito engraçado!

Lembro-me que, nesse dia, batizaram 47 pessoas, entre homens e mulheres. Meu pai foi o primeiro a obedecer à palavra, Eu relutava no banco, afinal, com doze anos de idade, tinha o sonho de ser um atleta em um clube da capital. Eu sabia que a igreja não defendia essa profissão, portanto, fiquei ali no banco prometendo que, quando tivesse dezoito anos, iria me batizar. Deus sempre se mostrou muito a mim, então pedi um sinal: se minha mãe se batizasse, eu também faria o mesmo. Fui a última pessoa a fazer o batismo, logo após a minha mãe. Com o batismo, comecei a me destacar na música, nos cultos, e a dividir o que sabia com outras pessoas. Formei grandes amizades com a música com um único objetivo: a adoração ao nosso Deus.

A PAIXÃO PELA MÚSICA

Música representa muito na minha vida, pois ela é a arte de manifestar os diversos afetos da nossa alma através dos sons. Meu contato com ela aconteceu em 1995, quando fui com meu pai à Igreja da Congregação Cristã no Brasil a convite de um amigo assistir à orquestra tocando com seus violinos maravilhosos, e isso me trouxe sentimentos inexplicáveis, encheu meus olhos de lágrimas. Naquela ocasião, disse para meu pai: "Pai, parece estranho uma criança querer tocar violino, mas parecia que o violino falava comigo, o som do instrumento, a postura e as curvas dele eram o que mais me chamava atenção". Parecia que eu já tinha tido contato com o instrumento. Foi algo mágico.

Assim que entendi mais do instrumento, quis muito comprar um livro chamado Bona – Paschoal Bona - Método completo para divisão musical, que ensina o método de solfejo, o mais comum para a época. Consegui comprá-lo e saí abraçado a ele sentindo-se realizado! E com uma única certeza: precisaria falar com o maestro para aprender as músicas, só que não sabia como era ler uma música, ou melhor, uma partitura, Contudo, o desejo era maior do que meu medo.

O maestro, líder da igreja, até hoje dá a oportunidade para quem quiser aprender a tocar os instrumentos gratuitamente, é um ensino voluntário, o que acabou criando um grupo de ajuda mútuo, tudo pela oportunidade de ajudar o próximo. Não tínhamos condição de pagar aulas de música, só que então, aquela ajuda foi mais que bem-vinda. Adriana, minha irmã, contou depois de muito tempo, quando eu já era adulto, que, na época em que eu era criança (entre dois e três anos), ficava tocando com o macarrão, como se fosse o arco do violino. Meus pais desconheciam esse tipo de concerto e os grandes músicos, como Beethoven, Mozart e Vivaldi, isso não fez parte da criação deles. E nós, até aquele momento, também não conhecíamos, não fazia parte do nosso universo. Eu não tinha noção nenhuma da leitura das notas musicais.

Quando comecei a aprender a tocar violino, encontrei uma dificuldade imensa na leitura das notas, não conseguia assimilar o que estava sendo ensinado. Voltei para casa, peguei o caderno de solfejo e pedi para Deus: "Senhor, me ajude, abra minha mente. Eu preciso entender essa leitura". E de repente comecei a entender e a fazer o solfejo 1 no *Método Bona* 2.

No domingo, cheguei para a aula e comecei a passar as lições. Todos ficaram espantados, sabiam da minha dificuldade e perguntaram-me o que eu havia feito. Respondi que havia estudado e pedido ajuda de Deus, pois a fé sem obras é morta, e essa "liga" deu sucesso.

Tive a oportunidade de ingressar na aula de música no dia 4 de junho 1995 e a primeira pessoa que pegou o BONA para me ensinar a ler as notas musicais e explicar o que era a música foi o irmão Edson Aluísio, que inclusive hoje está tocando em nossa orquestra. Me lembro do carinho e do amor com os quais ele me recebeu.

Na igreja, chega um momento que você tem que ter o instrumento para dar sequência às aulas. Meu pai não tinha dinheiro para comprar um violino. Para um cobrador de ônibus, era uma despesa a mais e não dava. Pedi a Deus em oração que tocasse em um coração nobre para me doar um violino.

No final de 1995, fomos a uma igreja da Congregação, no Jardim Ângela Maria, em Carapicuíba-São Paulo, e um dia antes de ir à igreja, havia um irmão que tinha um violino marrom. Ele me mostrou o instrumento e fiquei apaixonado por sua beleza. Aquele violino mexeu comigo.

Fomos ao culto e, ao findar, reunimo-nos para tomar café com os membros da igreja, fizemos uma roda para orar e agradecer. Durante essa roda de oração, um evento aconteceu na minha vida, acho que foi o primeiro movimento de amor que posso relatar. Um movimento de doação. Aquele irmão, Carlos, veio em minha direção e disse assim: "Deus falou no culto hoje que o violino que está comigo não é meu". Não entendi o que ele quis dizer com aquilo. Então ele continuou: "Na hora em que peguei esse instrumento, o Senhor falou: esse instrumento não é seu, esse instrumento é do Bruno, dê o violino para ele". Carlos amava aquele instrumento e sei que foi difícil, mas ele o doou para mim.".

Escaneie o Qr code e assista ao Bruno Chagas regendo

Recordo-me como se fosse hoje: era o dia 11 de novembro de 1995... Quando fomos embora, fui abraçado ao violino no ônibus. A alegria rasgava o meu peito. Iniciei logo o processo para aprender a tocar o violino. No início, tive certa dificuldade, afinal, o instrumento não é fácil de aprender a tocar e, além do mais, tem vários detalhes a que precisamos ficar atentos, como o movimentar do arco — se ele não for tocado todos os dias, perde a afinação. E mais uma vez conversei com Deus: "Senhor, se o Senhor abrir a minha mente de uma forma fácil, ajudarei para que muitas pessoas aprendam a tocar esse instrumento."

Minha mente se abriu de tal maneira que comecei a aprender tão rápido e a tocar na orquestra da Congregação. Quando fiz o teste para tocar, meu professor, uma pessoa séria, mas com um coração nobre, ensinou-me uma coisa que a igreja não faz ou poucas fazem com a qual as pessoas saíam da zona de conforto. Vendo que minha vontade de aprender a tocar o violino era genuína, ele propôs: "Vá à minha casa quarta-feira, às 19h30". E, com esse gesto, Ivanildo, o professor, ajudava a cada um que o procurasse e isso me fez desenvolver muito. Eu era dedicado durante as aulas e treinava em casa também.

Em 04 de agosto de 1996, me juntei à orquestra oficial da igreja. Apreensivo, com friozinho na barriga na estreia e, nessa mesma época, me juntei ao grupo de jovens que abriu uma janela na minha mente, estava criando condições de ser alguém na vida.

Para falar do Bruno realmente tem que editar um livro, mas um livro motivacional, pois só tem coisas positivas para falar desse homem que ele hoje se tornou. Quando o conheci, ele estava com uns doze anos, era apenas uma criança, mas já com um jeito adulto, responsável, educado e cheio de adjetivos positivos. Esse menino se tornou um homem de personalidade forte, pois é assim que tem que ser para enfrentar esse mundo tão adverso. Porém, ele sempre se manteve humilde e firme na obra de Deus. É proativo, amigo, sabe ouvir e é uma pessoa sábia, que nasceu para brilhar. Por onde ele passa, a sua luz brilha, sempre se destacando. Tive o prazer de tê-lo como meu aluno de violino e, sem dúvida, foi o meu melhor aluno, sempre disposto a aprender e, por ser assim, hoje se tornou meu sucessor na música à frente da orquestra do Jardim Conceição, auxiliando na Congregação Central de Osasco no quilômetro dezoito. Um menino humilde, simples, que se tornou um músico de referência e que hoje inspira novos alunos. Para mim, é um orgulho ter o Bruno como amigo e, também, fazer parte da sua carreira musical, da sua história. Um garoto que saiu da periferia, sem muitas oportunidades, que foi à luta e protagonizou uma história de sucesso na música, na vida profissional e principalmente no plano pessoal. Isso tudo é obra do nosso Deus na vida dele e das pessoas que buscam fazer o bem, pois a recompensa sempre vem. E hoje eu posso contemplar com alegria essa recompensa na vida dele!

IVANILDO FERREIRA
MÚSICO VIOLINISTA E PROFESSOR
CONGREGAÇÃO CRISTÃ NO BRASIL

Nesse ano, fiz um teste com meu irmão na E.M.M. Escola Municipal de Música do Estado de São Paulo. Eu ainda tinha dúvidas se poderia seguir na carreira musical, estudando com professores renomados que abririam portas para eu ingressar em orquestras e conseguir bolsas de estudo, ainda mais no Brasil. Lembro-me de um teste com o violinista Nelson Rios e com a Professora Cecília Guida (da Argentina), no qual fui aprovado na primeira fase junto com meu irmão Eric Chagas. Ele era bem mais novo, tinha só onze anos. A chance de bolsa era maior para ele. Na época, eu tinha dezessete anos. Fomos para segunda fase e meu irmão Eric foi aprovado em uma lista de espera; porém, a distância era grande e o custo de passagem era muito elevado para uma família de baixa renda.

Recordo-me de que eu levava o violino no metrô, com meu irmão Eric Chagas. Literalmente íamos nos batendo para chegar à Rua Vergueiro. A Congregação Cristã tem um celeiro de músicos espalhados no Brasil, que, em algumas oportunidades, se tornam do ramo e seguem carreira na área musical.

Na construtora, eu tocava na hora do almoço para preparar o repertório de apresentação. Eu tinha total apoio dos meus líderes nesse projeto. A profissão de músico clássico no Brasil passa por um preconceito familiar e, no geral, as pessoas valorizam mais quem faz qualquer outra faculdade do que ser um excelente músico. E não entendem que as pessoas têm que fazer o que de fato amam e têm alegria em seguir. Não entendem o significado: a música é a palavra da alma.

Eu não me senti apoiado para seguir esse sonho de ser violinista profissional, cheguei até arrumar um violinista que viu talento para eu seguir minha jornada. Seu nome? Anderson Neves, um menino que toca muito. Infelizmente, não dei sequência na época, pois precisava trabalhar para pagar a faculdade. Tive que optar, mas de 1997 a 2000 fiquei ajudando no ensino musical dentro da igreja na formação de músicos para ingressarem na Orquestra da CCB. Eu entendo que esse processo vai mais além do que só música. De fato, a pessoa que aprende um instrumento musical se sente confortável para buscar outros objetivos na vida. O ano de 1999 foi um ano de doação do pouco que eu conhecia musicalmente, pois dividir com outra pessoa, de coração, é muito gratificante.

O ano de 1999, este ano foi especial, pois foi o ano de minha oficialização como músico da Igreja CCB. A oficialização, na época, era bem puxada, pois vários meninos acabavam reprovados por alguns maestros. Então, tínhamos que estudar muito para não passar por esse constrangimento. Eu estudei muito com meus companheiros e esperei alguns para se oficializarem comigo: o Samuel Justiniano e o Clayton Sandro. Treinamos muito para não sermos reprovados. Lembro-me de que estávamos tocando em casa e tivemos a seguinte ideia: vamos jogar futebol para dar uma relaxada. Lá fomos nós, fizemos dois times, Batizados nas Águas x Testemunhados da Graça Maravilhosa. O jogo começou e estávamos ganhando em campo, porém, fomos interrompidos por minha mãe com uma cinta correndo no campo atrás de mim. Foi hilário! Ela deu um sermão profético que fez a galera ficar triste. Falou que a gente poderia ser reprovado pelo maestro e, a partir disso, começamos a tocar muito para não passar pela reprovação.

Lembro-me que tirei férias na construtora e ficava tocando direto para ganhar confiança. Até que chegou o dia do exame e fomos para o teste em 20 de março de 1999, Clayton, Samuel Justiniano, Élcio e eu. Fomos pela manhã e não tinha nenhum teste na igreja. O caseiro nos disse que não havia teste algum agendado para o período da manhã, somente à tarde. A gente, naquela ansiedade, e ainda passaram o horário errado.

Fomos até a casa do saudoso irmão João Carneiro e ele orou conosco para dar paz e tranquilidade no desenvolvimento do exame. Foi uma maravilha. Sentimos muito a falta do nosso instrutor Ivanildo, que viajara para Pernambuco e do nosso encarregado João Batista que não pôde ir. Mas graças a Deus tivemos a união necessária para chegar e passar muito bem no teste.

Ao final, fomos aprovados no teste de oficialização, com liberação para todos, no mundo inteiro, nas igrejas da CCB. O teste é realizado por um encarregado regional (maestro). Lembro-me de que as lições que toquei estavam fáceis devido à quantidade de treino que eu havia feito.

Quem assumiu o papel de maestro foi um amigo e irmão em Cristo Ezequiel, que conversou com o maestro regional.

Comecei a me destacar no meio dos alunos e, em 1997, fui convidado para ajudar no ensino musical da igreja. O pouco que sabia compartilhava e isso me fazia e me faz muito bem até hoje.

Um fato importante, André, que trabalhou comigo na construtora por quatro anos e, também, frequentava a mesma igreja, não era músico, mas sempre me falava: “Bruno, já pensou um dia, tocar fora do país? Como você é oficializado, poderá tocar no mundo inteiro, em qualquer igreja. Já pensou tocar em Barcelona, na Espanha?”

E, depois de sete anos, toquei o meu violino na Congregação Cristã de Barcelona, na Espanha. O destino quis que eu fosse a trabalho, levei o meu violino comigo e consegui tocar no templo de lá. Foi um marco na minha vida. A mente atrai o que pensamos, pois eu sempre me imaginei tocando lá, e Deus me preparou essa oportunidade. Foi uma alegria, sem palavras. A música é algo muito especial na minha vida.

Dedicando-me ao trabalho musical, iniciei um novo projeto na cidade de Diadema. Passei a trabalhar com uma classe, onde me deparei com alunos aplicados e com muita vontade de aprender. Para minha surpresa, conheci um dos alunos mais dispostos, competitivos e interessados em aprender: Bruno.

Uma pessoa amorosa, simples e com a dádiva do amor. Ao longo dos nossos encontros nas aulas, sempre participativo, autêntico, audacioso, carismático, prestativo, honesto, verdadeiro e hospitaleiro, nos tornamos amigos, e cheguei a estar com minha família em sua residência e nos alegramos entre amigos que nos acompanhavam.

Sua participação no curso foi muito louvável e deu exemplo a muitos, assim como todos que participaram deste curso. Ao se deparar com umas dificuldades, ele se comprometeu em a vencer, e venceu. Sempre ao final da aula, me procurava e ali pedia ajuda e direcionamento para melhorar na próxima aula. Durante a semana, enviava mensagens e vídeos para saber do meu feedback, sempre se apresentou disposto a enfrentar as dificuldades e os resultados foram de melhora a cada dia.

Fico honrado, grato e extremamente lisonjeado ao ser convidado para fazer parte deste livro e poder relatar o quanto Bruno é um guerreiro incansável e temente a Deus.

Sucesso! Deus o abençoe e guarde sempre.

MOISÉS TESSALO
MAESTRO E CANTOR ERUDITO DA ORQUESTRA SINFÔNICA DO ESTADO DE SÃO PAULO, E DA CONGREGAÇÃO CRISTÃ NO BRASIL

Tive a honra de conhecer esta pessoa incrível em um curso de regência. Logo percebi o seu destaque entre os demais, apaixonado pelo conteúdo e atento.

Em três dias, conheci um visionário destemido e nossa amizade se concretizou, conheci sua família e seus amigos. Constatei um grande marido para sua esposa e excelente pai e para seus filhos.

O Bruno é como um vaso quebrado que, para muitos, passa despercebido, mas ele não guarda seu conhecimento e experiência só para si. Por onde passa, deixa em seu caminho um lindo campo florido. Sua missão é estar sempre fazendo a diferença e algo em prol do próximo.

Que seus sonhos se concretizem. De seu irmão e amigo,

JONAS MAFRA
MAESTRO, VIOLINISTA E PEDAGOGO
CONGREGAÇÃO CRISTÃ NO BRASIL

Um dos motivos que me fizeram conhecer o Bruno foi a música. Nós dois estamos alinhados no mesmo propósito, que é ajudar as pessoas através da música. Conheci-o quando ele se matriculou para ser meu aluno de violino com o objetivo de buscar capacitação para viver seu ideal com mais excelência.

Um dos pontos que mais me chamaram a atenção foi o fato de o Bruno já ser um bom violinista, porém, tinha interesse em melhorar ainda mais! Isso diz muito sobre como ele é como pessoa: um homem que não se cansa de se aperfeiçoar em todas as áreas, que busca se desafiar para ser sua melhor versão a cada dia. Ajudar o próximo é o seu propósito de vida!

PROF. MATHEUS TONETTE
MÚSICO: VIOLINISTA E PROFESSOR
IGREJA PRESBITERIANA DO BRASIL

Quem é Bruno Chagas?

É um amigo e companheiro! Nasceu em família humilde e passou sua infância na periferia da cidade de Osasco. Estudou em escola pública e, com muito esforço e dedicação, se graduou no curso superior. Também estudou música na Congregação Cristã no Brasil (CCB), tornando-se músico da maior orquestra do planeta.

Entre tantas atividades cotidianas (família, trabalho, estudo de aperfeiçoamento na área musical e outros mais), ainda achou tempo para escrever um livro sobre a trajetória da sua vida.

Parabéns, Bruno!!!! Você é um vencedor!!! Para você, eu tiro o chapéu.

JOÃO BATISTA DA SILVA
MÚSICO SAXOFONISTA E MAESTRO
CONGREGAÇÃO CRISTÃ NO BRASIL

Ainda me lembro do dia em que chegou à nossa "aula de música" aquele garoto franzino, tímido, porém, com um brilho nos olhos, indicando vontade e determinação!

Este era o Bruno, iniciando sua jornada na área musical na Congregação do Jardim Conceição. O tempo foi passando e, como para todos aqueles que se propõem a fazer algo bem-feito na vida, para ele, não foi diferente. Apresentaram-se também muitas dificuldades que, para um entendimento comum e considerado normal para muitos, facilmente poderiam levar à desistência do propósito de um dia gerar transformações através da música, mas foi aí que se manifestaram a determinação, a coragem e a firmeza de um propósito que estava dentro do Bruno.

Hoje o Bruno ainda mantém os princípios iniciais e agora com um propósito muito mais definido e reforçado de seguir louvando a Deus e transformando pessoas através da música, compartilhando conhecimento, seja individualmente, seja em grupos, principalmente mostrando que tudo é possível se tivermos fé, confiança (em Deus e em nós mesmos) e perseverança!

Bruno, Deus o abençoe neste lindo propósito até o final de seus dias nesta vida terrena!

EDSON ALOÍSIO
MÚSICO
CONGREGAÇÃO CRISTÃ NO BRASILMEU PRIMEIRO EMPREGO

MEU PRIMEIRO EMPREGO

CONSTRUTORA VIATEC

Eu era apenas um estagiário pela JUCO, mas não era registrado e isso era um sonho para mim. Trabalhava por contrato válido por um ano que poderia ser renovável. Enquanto isso, ia sonhando com um registro...

O ano era 1996. De cara, fui o primeiro a ser encaminhado para a empresa CMTO – Companhia Municipal de Transportes de Osasco. Lembro-me que uma dirigente da empresa, Dona Lígia, disse-me que eu era pequeno e não poderia ir à frente dos outros, mas o Capitão Pereira a contrariou dizendo que era mérito meu por tirar a maior nota e deu-me um encaminhamento para trabalhar na primeira empresa da minha vida.

Quando cheguei lá, muito tímido, lembrei-me dos conselhos de minha mãe, que dizia: “Nunca fique sem fazer nada. Por exemplo, acabou de executar uma tarefa, peça mais trabalho!” Um detalhe curioso: minha mãe obrigava tanto a mim, quanto à minha irmã a aprendermos datilografia, usando todos os dedos de uma forma inteligente para ganhar velocidade na digitação. Até os dias de hoje, uso a mesma forma de digitação.

Eu havia realizado as minhas tarefas como office boy no meu departamento quando o gerente do CPD (Centro de Processamento de Dados), nomenclatura que era usada na época, perguntou se havia algum boy que soubesse digitar algo.

Os mais antigos não tinham prática em digitar, apenas estavam fazendo curso de Informática, porém, ainda não tinham habilidade com o teclado de computador. O cara olhou para mim e falou: “E aí, Amendoim, sabe digitar?”. Eu disse que nunca tinha visto um computador, mas que o teclado de uma máquina de datilografia, eu desenrolava. Ele, então, deu uma risada sarcástica e disse: “Vamos testar, rapaz...”.

Um monte de gente veio até o setor. Afinal, chegara um menino de treze anos, magrinho, que já vai causando... Sentei-me à última máquina, ele pegou um relógio para medir meu tempo e me mandou digitar. Como se fosse hoje, ainda dessa passagem e isso até me arrepia. Terminei antes do tempo estipulado e ele disse para executarmos novamente. Não estava acreditando. Resumindo:

fiquei em primeiro lugar do setor. A oportunidade passa à sua frente. Você está preparado? Sim ou não?

Eu ganhava um salário-mínimo de R$ 100,00 na época e ajudava meus pais com muita alegria. Detalhe: a empresa fornecia um ticket por dia para comer em um restaurante. Eu comia na JUCO e ajudava nas compras de casa. Para variar, ainda não pagava passagem, pois tinha a carteira livre, igual ao motorista e ao cobrador.

Na CMTO, tive bons orientadores, como a saudosa Maria Friederich Luison e a Renilza, que foram minhas professoras na época. Elas ficaram encantadas comigo, pois eu ajudava com meu dinheirinho minha família. Elas me usavam como exemplo para todo mundo.

Certo dia, fiz uma grande besteira: travei as portas do Passat do Dr. Ênio Spitaletti, com a chave do carro lá dentro. Meu pai nunca teve carro, então eu não sabia mexer com isso. Pensei que seria demitido, mas graças a Deus não fui.

Pedia a Deus para que Ele me ajudasse a ter um emprego com a carteira de trabalho assinada. Fui para igreja e recebi uma palavra que me dizia que iria mandar um emprego na porta da minha casa. Eu só confiei...

No início de 1997, saí de férias. O bairro onde eu morava estava uma lama só... Estávamos sem luz, não tinha sarjeta, mas a irmã Zilda, com o amor que Deus lhe deu, foi na lama mesmo me dar uma notícia maravilhosa: bateu à porta da nossa casa, dizendo: "Bruno, o Danilo pediu para você se apresentar na empresa. É uma construtora, estão precisando de um office boy e o salário é bom. Meu filho vai sair da empresa e ele e meu marido indicaram você."

Que gesto lindo!

Fui até a empresa, era a Construtora Viatec, que teve um papel fundamental na minha formação profissional. Fiz a entrevista, fui contratado como office boy por três salários-mínimos e meio, o equivalente hoje a R$3.500,00 (três mil e quinhentos reais). Para um garoto de quatorze anos, era motivo de muito orgulho. Com aquela oportunidade passei a ganhar mais que do meu pai como cobrador de ônibus e isso me fez ter mais condições ainda de ajudar meus pais no pagamento do terreno que eles tinham comprado.

Desliguei-me da CMTO e comecei minha trajetória na Construtora Viatec. Sofri bastante nesta empresa, pois minha chefe era bruta com as palavras, sua voz causava até medo nas pessoas. Eu tinha pavor dela. Maltratou-me muito, mas não desisti. Ela fazia uma pressão psicológica terrível, dava muitos bancos para eu fazer em um único dia e me ameaçava, caso eu não desse conta. Lembro-me de um dia em que ela jogou um livro na minha cabeça só porque não achei a informação que ela pediu na lista telefônica. Ela tirou o livro da minha mão e jogou-o em mim. Eu orava muito a Deus para me dar forças e paciência, pois precisava daquele salário.

Ela era uma líder muito estúpida e ignorante, essa é a verdade, pois ela botava medo nas pessoas e sabia que o emprego era a minha vida. Sofri calado, pois eu precisava ajudar meus pais, afinal, eu já contribuía para pagar a prestação do terreno deles.

Trabalhei com todo ímpeto e sucesso, mas, ao final daquele ano de trabalho, aconteceu um negócio muito estranho, tipo coisa de filme. Eu tirava extratos das contas da empresa, pois era o "office boy de banco" da Construtora Viatec. Um dia, essa mulher, cujo nome prefiro nem mencionar, me chamou na sala dela e disse que era para eu fazer um saque de valor alto, em dinheiro, e entregar a ela na rua, pois ela tinha um compromisso fora da empresa, e que depois disso, eu poderia ir embora para minha casa. Detalhe: não era para eu tirar extrato das contas no dia seguinte e, se alguém perguntasse, era para dizer que estava sem sistema.

Fiz o que ela pediu e fui trabalhar tranquilamente no dia seguinte. Entrei às sete horas da manhã e não tirei os extratos como tinha sido orientado. Nesse meio-tempo, fui chamado a uma sala em que estavam os diretores e chefe de compras, todos perguntando pela minha chefe. Relatei detalhadamente o que havia acontecido no dia anterior.

Descobriu-se que ela havia pedido o saque para ela mesma e que fugira com vários documentos da empresa. Colocaram-me juntamente com um investigador da polícia e fomos até a casa dela, que era no Centro de São Paulo. Como eu sabia o endereço, fui designado para tal missão, junto com um engenheiro da construtora. Ao chegamos lá, o porteiro disse que não havia ninguém no apartamento.

Em certo momento, o policial à paisana viu o porteiro fazendo contato com a mulher disfarçadamente. Fomos autorizados a entrar no edifício e eu reconheci a empregada dela fugindo pelas escadas. Parecia filme de polícia contra ladrão. O policial pediu que a empregada falasse a verdade, contando onde estava a mulher que roubara a empresa. A empregada dizia que não sabia e, quando o policial anunciou que a prenderia, rapidamente confessou que a dona estava no apartamento escondida. Subiram somente os policiais e desceram com o dinheiro que estava na geladeira.

Esse episódio foi muito louco, digno de um filme, mas isso aumentou a confiança do diretor da empresa para com a minha pessoa e passei a ser valorizado mais ainda.

Contrataram depois uma pessoa mais humana para o setor, a Dona Maria Delma, que deu mais paz de espírito para todos trabalharem. Uma mulher fora do comum, que me ensinou muito e sou grato a ela por tudo o que fez. Tratava as pessoas com educação e respeito, tornando aquele ambiente saudável. E, por indicação dela, tive minha primeira promoção. Em 1998, mudei para a área de suprimentos/compras e fui muito bem recebido por todos. Ali começou minha nova trajetória na Viatec no setor de compras da construtora, como auxiliar de compras, ajudando meu novo líder.

Na escola, eu costumava pergunta para alguns colegas da sala: "Quando você crescer, o que pretende ser?". Lembrando que sempre fui matriculado em colégios públicos e, nas três escolas em que estudei, o discurso das pessoas era o mesmo. De quarenta alunos na sala, trinta e sete diziam: "Meu pai não tem condições, somos pobres". Isso se chama síndrome do vitimismo.

Tudo bem, nossos pais eram pobres, mas podíamos fazer nossa história e construir nossos caminhos, isso depende somente de nós mesmos. Lembro-me de que meu pai sempre dizia: "Ande com pessoas que possam acrescentar algo em sua vida. Se você for uma pessoa de energias boas, atrairá pessoas com a mesma energia. Se for negativo, só atrairá negatividade". Então aprendi: seus amigos precisam ser bons ou melhores que você. Existem pessoas cuja energia falam por si. A carga espiritual é muito baixa. Daquelas que passam perto de um pé de arruda e secam o pé. Infelizmente tem gente assim, que pensa pequeno.

Na própria construtora, eu me condicionava a ser um profissional diferente. Ouvia os conselhos da minha mãe para que eu terminasse o meu trabalho e pedisse mais, que eu fosse inovador, fizesse um arquivo para ler mais, estudasse mais e fosse diferente dos demais, ou seja, fizesse a diferença aonde quer que eu fosse, e isso levo para minha vida! Eu saía de casa voando com estes conselhos em minha mente.

Como não tinha seguido a carreira de músico, queria me tornar um engenheiro civil e trabalhar com obras. Se seguisse minha jornada na construtora, estaria no caminho certo e com as pessoas certas.

Dentre as muitas pessoas com quem convivi quando comecei a trabalhar na extinta Viatec, empresa fundada pelo meu pai, Pedro de Barros, e meu tio, José de Barros, tive a oportunidade de conviver, aprender e criar laços muito próximos com pessoas por quem até hoje mantenho o respeito e a admiração. Uma delas é Bruno Chagas. Hoje não mais um colega de mesa, mas um amigo que a vida nos proporcionou e, também, um parceiro comercial da DP Barros.

Lembro-me daquele menino magrinho de apenas quatorze anos, da empolgação do primeiro emprego, da curiosidade, da vontade de aprender e que, com a sua humildade e determinação, foi crescendo e conquistando a confiança da empresa e migrando do Departamento Financeiro para o Departamento de Compras/Suprimentos.

Os departamentos citados são partes vitais em uma empresa e exigem de seus colaboradores integridade e comprometimento plenos, qualidades que sempre se fizeram presentes no Bruno. E foi no Departamento de Suprimentos que tivemos o convívio mais próximo. O gigante Serginho era o responsável pelo departamento e tinha a missão, do seu jeito brincalhão, mas não menos responsável, de negociar e sempre buscar o melhor preço e condições mais adequadas. Ali, aprendemos sobre o assédio que os compradores sofrem e a postura íntegra do Bruno fazia-se notar. A sua dedicação era a mesma em aprender a tocar com perfeição o violino, que quase sempre o acompanhava na rotina diária.

Sua dedicação e seu comprometimento fizeram com que a empresa, em sua missão, reconhecesse não apenas seu valor e lhe oferecesse um emprego, mas um grande axílio na sua formação pessoal. Lembro-me do orgulho do meu pai em ajudá-lo a pagar a faculdade e, em especial, o curso de Engenharia Civil.

Tem um ditado que diz: se a árvore é boa, os frutos não podem ser ruins. Não poderia seguir essa dedicatória sem lembrar da Dona Nice, sua mãe, que também trabalhou conosco e tinha, no olhar protetor, o brilho e orgulho de ver o filho conquistando seu espaço e reconhecimento dentro da empresa.

Cabe destaque especial aqui à religião, independentemente da crença de cada um, o caminho de fé e a devoção a Deus sempre fizeram parte dessa família. O filho de Dona Nice nos mostrou, na prática, a lição em reconhecer que ninguém é maior que Deus; perante Ele, somos todos iguais e recebemos, talvez, a maior dádiva, o livro arbítrio. E, com isso, ele escolheu e dedicou-se a cada caminho.

Bruno, sua determinação, com sorriso no rosto, fé e humildade no coração, nos faz ter muito orgulho de suas conquistas, por saber que contribuímos nessa trajetória de sucesso e, mais ainda, saber sobre o seu desejo de deixar um legado ao próximo não apenas é fazer parte da banda, mas reger a orquestra!

Aplausos! Parabéns, Maestro Chagas!

PEDRO EDUARDO
DIRETOR DE ENGENHARIA
DP BARROS ARQUITETURA E CONSTRUÇÃO

“

QUANTO MAIS FORTES FOREM AS SUAS PROVAÇÕES, MAIORES SERÃO SUAS VITÓRIAS.

AUTOR DESCONHECIDO

”

“

NO JURAMENTO DE UM GUERREIRO, NÃO HÁ LUGAR PARA RENDIÇÃO. QUANDO O CORPO FALA "CHEGA", O ESPÍRITO GRITA "AVANTE"

AUTOR DESCONHECIDO

”

Minha mãe Eunice e eu.

O SONHO DA CASA PRÓPRIA DOS MEUS PAIS

Em 1996, meus pais compraram um terreno, e eu, com muita alegria, ajudava a pagar. Minha família, assim como milhões de brasileiros, sonhava com a casa própria e a nossa estava unida para conquistar esse sonho. Minha irmã mais velha já estava trabalhando, e eu também. Meus outros irmãos, Eric e Camila ainda não, pois eram muito pequenos. Começamos, então, a sonhar em construir nossa casinha.

Durante uma pregação na igreja do Jardim Conceição em Osasco/ São Paulo, o Senhor trouxe a palavra pela boca de um servo de Deus, dizendo que, no final de 1996, nós nos mudaríamos para a nossa casa própria e nós cremos nisso! Meu pai falava para os vizinhos que íamos mudar no final do ano, mas as pessoas duvidavam e nós também, pois não tínhamos material, nem dinheiro para a mão de obra. Porém, a fé do meu pai era gigante! Ele dizia que Deus havia falado com ele, avisando que ia cumprir o desejo do seu coração: que ele e sua família, antes de acabar o ano, estariam na casa nova.

O final do ano de 1996 começou a chegar e meu pai foi sofrendo, mas Deus enviou um servo que avisou que Sua palavra iria se cumprir ainda naquele ano. Foi um movimento intenso! Os irmãos fizeram um mutirão de mão de obra, trabalharam de dia e de noite com seus próprios recursos e muito amor, muita união. Um irmão da igreja, na época, puxou mais de seiscentos metros de fio até a nossa residência — era difícil instalar a energia elétrica naquela localidade.

Prestei atenção aos irmãos Ademir e Francisco Leite, ambos pedreiro e eletricista, respectivamente e pensei: o dia em que for construir minha casa, quero contratar esses irmãos para fazê-la, pois eles se entregaram de corpo e alma ao trabalho. Tenho uma dívida de gratidão com a irmandade do Jardim Conceição, pois Deus derramou um amor que não tem preço sobre ela. Por isso, digo: tudo o que eu fizer para eles será pouco.

Nossos irmãos construíram dois cômodos para nós na parte debaixo e o que mais me sensibiliza, analisando hoje é que muita gente tirou dinheiro do próprio bolso para ajudar pessoas simples como nós.

Tínhamos uma parte pequena do material, porém, muita gente doou sua mão de obra e seu tempo. Lembro-me do saudoso José Carlos (*in memoriam*), que levou o violão para tocar conosco. Infelizmente, nessa pandemia, Deus o levou, mas sempre me lembrarei dele, alegre e contente.

Em 1996 meus pais compraram um terreno, e eu, mesmo com treze anos, já trabalhava na JUCO e ajudava meus pais no pagamento da mensalidade do terreno. Minha família...

Só para se ter uma ideia, em outubro de 1996, não tínhamos nem a fundação da casa pronta. Lembro-me bem, pois foi o mês em que comecei a tocar nas Reuniões de Jovens e menores da igreja com meu instrumento: o violino, Porém nos últimos dois meses antes do término do ano eu vi na prática a união de nossos irmãos pois o mutirão realizado para a construção da casa de meus pais foi digno de muita união e suor de todos. Eu acredito que esse exemplo de nossos irmãos que ficou marcado traduz na seguinte mensagem: a palavra convence, o exemplo arrasta, mas só a prática define o resultado.

Na igreja, temos o momento dos testemunhos, quando as pessoas se levantam, vão para os microfones da igreja e contam as obras que Deus operou em suas vidas. Portanto no dia 30 de dezembro de 1996 houve o culto na igreja do Jardim Conceição em Osasco/, São Paulo, e, no momento dos testemunhos vi com meus próprios olhos várias pessoas cerca de vinte mais ou menos se levantarem de forma individualizada e iniciar o testemunho. Eles diziam o seguinte: "Deus seja Louvado! Eu agradeço a Deus, pois fiz um voto na presença de Deus nas minhas orações para que se Deus preparasse que o irmão Zezinho mudasse com sua família antes de terminar o ano letivo de 1996 para sua casa própria eu levantaria o microfone da Congregação e diria a seguinte mensagem: Deus seja louvado,!". "Amém!" (foi a resposta da igreja). "Eu agradeço a Deus pois nosso irmão José Raimundo, junto com sua família, saiu do aluguel e finalmente está morando em sua casa própria. Deus concedeu essa linda vitória fruto da promessa de Deus e realização do sonho da casa própria. A palavra de Deus não falha pois se cumpriu antes de findar o ano de 1.996". Eu levarei essas lembranças para eternidade por essa obra de Deus em minha vida.

A vida nos presenteia com pessoas maravilhosas e não podemos deixar de mencionar nosso querido Bruno, que é um grande companheiro, amigo, motivador e positivo. Posso falar que nunca o vi de cabeça baixa, sempre motivando e contagiando todos com seu pensamento para frente e sua autoestima.

Sempre procura otimizar ainda mais as qualidades das pessoas, consegue nos ajudar no equilíbrio diante dos pontos fracos. Já presenciamos e vivemos juntos situações em que contamos com o seu enorme coração. É um grande amigo com que sabemos que podemos contar a qualquer momento, um grande exemplo de superação, esforço, garra e força de vontade. As vidas de muitos amigos foram transformadas por conta dos seus incentivos, apoios e conselhos. É uma pessoa que sempre tem a palavra certa, na hora certa.

GUILHERME ALMEIDA REZENDE
COOPERADOR DE JOVENS
CONGREGAÇÃO CRISTÃ NO BRASIL

Falar sobre o Bruno é fácil e apesar de conhecê-lo há poucos anos, já deu para entender e compreender o seu perfil lutador e aguerrido naquilo que tem como meta de vida. Menino humilde, de periferia, que com esforço e determinação, conseguiu vencer na sua vida profissional e constituir uma linda família, que temos prazer de conhecer.

Sempre motivador, nunca desiste de seus objetivos, tem um espírito de liderança e não deixa desistirem aqueles que estão à sua volta de alcançar um futuro melhor. Aqui no Jardim Conceição, entre a irmandade e os alunos de música, por meio dos quais Deus graciosamente a ele deu a oportunidade de passar o seu conhecimento musical, esses alunos o têm como exemplo a seguir.

Eu, como parte do Ministério da Igreja e a minha esposa, nos sentimos honrados por tê-lo conosco como um servo de Deus, motivador e com um bom coração para ajudar os mais humildes.

Deus o abençoe, meu irmão em Cristo Jesus.

EDVAN MORENO E ROSIMEIRY MORENO
ANCIÃO E ESPOSA
CONGREGAÇÃO CRISTÃ NO BRASIL

Conheci o Bruno ainda garoto, um jovem muito educado, atencioso, com uma fé inabalável, bem dedicado e com uma enorme vontade de vencer, encarando todos os desafios, fossem eles, espirituais ou materiais, sempre confiando em Deus, o que o fez alcançar seus objetivos, vencer as provas e as guerras, superando as adversidades da vida.

Tornou-se um grande homem, mais forte e com uma bagagem cheia de experiências. Até hoje, tem-se feito presente em nossa vida, ajuda, participa, ainda topando desafios, faz a diferença na vida de pessoas. É um grande músico e instrutor musical, e, sim, um cara amigo e irmão na fé. Digo que é um exemplo de vida e superações para muitos.

Bruno, o dia esperado chegou e é com muita satisfação e alegria que hoje participo de mais este momento tão importante para você. Parabéns pelas conquistas e que seja uma trajetória brilhante e de muito sucesso!

Deus o abençoe!

Um grande abraço de seu amigo e irmão,

ADEMIR CORREIA
COOPERADOR OFICIAL
CONGREGAÇÃO CRISTÃ NO BRASIL

AQUILO QUE O HOMEM ENXERGA EM SUA MENTE; ELE É.

PROVÉRBIOS 23.7

SUA FORÇA ESTÁ NA SUA MENTE, SE VOCÊ ACREDITAR QUE É CAPAZ, VOCÊ SERÁ.

AUTOR DESCONHECIDO

ENTRANDO NA UNIVERSIDADE

Tenho muito orgulho de dizer que, durante todo o período de Construtora Viatec, eu ajudava meus pais com todo o meu salário, pois via a real necessidade de auxiliar minha família. Posso dizer que, de 1996 a 2000, exatamente todo o meu salário foi para eles. E, sinceramente, foi a melhor coisa que fiz, afinal, plantei coisas boas ajudando meu pai. De fato, fui um menino muito dedicado à família.

Aproximando-se o final do ano, estava voltado a seguir a carreira na Engenharia Civil dentro da construtora, pois era a forma pela qual eu visualizava meu desenvolvimento. Eu disse para a minha mãe que queria continuar ajudando, porém não me esqueço de nossa conversa naquele dia. Ela se virou para mim e disse: "Meu filho, você já fez muito por nós. Chegou seu momento de ter a sua profissão e não podemos impedi-lo. Você não é o chefe da família."

Então, ao terminar o ensino médio, prestei vestibular e passei para cursar Engenharia Civil na UNIBAN[6]- *Campus Osasco*. Fiquei extremamente feliz, pois ter conseguido ingressar na universidade foi uma vitória para a minha família. Veja bem, no meio em que eu crescia não havia ninguém estudando, e eu me senti muito valorizado. Um garoto da periferia, simples, conseguindo realizar seu sonho. Pagava as mensalidades da faculdade com o meu próprio salário, mas não sobrava nada, absolutamente nada! Na época, havia o programa estudantil FIES[7], mas eu não consegui a adesão. Alguns alunos na época até mentiam sobre a própria situação para conseguir o benefício, mas preferi me esforçar e, mesmo de forma bem apertada financeiramente, meu tão sonhado diploma veio. E melhor, dignamente. Para conseguir um financiamento, eu teria que apresentar documentos falsos. Optei por falar a verdade.

Certo dia, enchi-me de coragem e fui direto pedir apoio para o diretor da empresa, Sr. Pedro Barros. Expliquei minha situação, e ele, durante três anos, me ajudou pagando cinquenta por cento do valor da mensalidade da minha faculdade. E eu achava muito justo, pois, quando temos que contribuir, damos mais valor. Nessa vida, nada é gratuito e me ajudou muito a aliviar a carga, pois, com o que sobrava, tirava cópias ou gastava em outras coisas de que precisava na faculdade.

6 - Universidade Bandeirantes de São Paulo. (N. do R.)

7 - Fundo de Financiamento Estudantil. (N. do R.)

O ano de 2001 foi muito difícil, eu com dezoito anos, sofri bastante; quando entrei para a faculdade, meu nível de estudo era abaixo da média dos meus colegas e eu me sentia como um "Zé Mané" no meio de alunos com poder aquisitivo maior, vindos de escolas particulares. Eu era como se fosse o time da Série D querendo jogar na Série A. O meu boletim do primeiro semestre era de chorar, minhas notas vieram muito ruins e, como fala um velho ditado, deitei-me no colchão e chorei. Foi quando meu pai e minha mãe oraram comigo e pediram para que eu não desistisse.

Eu ensinava música na igreja gratuitamente. Foram anos maravilhosos, mas, como passei para a faculdade, tive que optar, pois, como dizem, o pobre tem que brigar pelo bife para comer na panela. Então, em 2001, optei pela Engenharia. Foi uma escolha dolorida.

Como trabalhava em uma construtora, percebi que oportunidade que eu tinha de fazer carreira. Quando prestei vestibular e passei, tive que falar com meu encarregado de orquestra (regente) sobre a minha escolha. Parei de ensinar na igreja. Participo até hoje da orquestra, mas precisei deixar de ensinar para entrar de cabeça nos estudos. Na igreja, tínhamos um grupo de amigos e éramos muito unidos, mas, quando comecei a cursar Engenharia, parece que virou uma chavinha na minha cabeça e virei adulto. Passei a me relacionar com pessoas diferentes, era um mundo corporativo, de negócios.

Ingressei no primeiro ano de Engenharia Civil com dezoito anos e passei a conviver com pessoas bem mais experientes que eu. Eu era o mais jovem da sala de aula, que tinha uma média de idade em torno de 25 anos. Tomei um susto, pois eu estava abaixo do nivelamento escolar. Escola pública não ensinava várias matérias, só no primeiro ano da faculdade eu percebi. Passamos por um nivelamento escolar para melhorar as matérias de Matemática, tipo trigonometria, dentre outras.

Sofri muito com as primeiras notas na faculdade, sinceramente eu não entendia nada. Não conseguia acompanhar o ritmo das aulas e tudo o que o professor passava, eu não fazia, só anotava e parecia que tinha caído de paraquedas naquela turma. Para meu alívio, oitenta por cento eram iguais a mim.

No começo, minhas notas eram ruins, mas, mesmo assim, não perdi a fé e continuava lutando. Havia umas matérias difíceis... Linguagem e Programação em Engenharia Civil, Cálculo I, Álgebra Linear, Física I, Introdução à Engenharia, eram matérias muito específicas, e eu nunca havia ouvido falar daquilo. Meu professor de Tecnologia, o Miet, era uma pessoa que adorava fazer palhaçada com a turma, mas eu não entendia absolutamente nada do que ele falava. Quando ia para o laboratório de informática, passava vergonha, porque ele só falava em fluxograma. O ano estava acabando, e eu indo mal nas matérias, lutando para melhorar aos poucos, só que informática não entrava na minha cabeça.

Então, mais uma vez, pedi a ajuda de Deus, comecei a ir mais cedo para faculdade com o caderno para analisar todo o conteúdo que o professor havia dado. Imprimi tudo o que consegui reunir de material e comecei a rascunhar para ver se conseguia entender o tal do fluxograma e resolver os problemas matemáticos. Uma das metas era que os alunos desenvolvessem esses cálculos.

Fomos para aula e, mais uma vez, o professor desdenhou da turma, dizendo que éramos a TUF (Turma Unida do Fundão), parecia que levávamos as coisas na brincadeira, mas estávamos realmente preocupados. Um amigo sugeriu que ficássemos de DP (dependência) na matéria, pois não estávamos entendendo, mas falei que não poderíamos desistir.

Certa vez, fui perguntar para um colega de sala como resolver um exercício, daí ele me perguntou: "Você fez processamento de dados em alguma escola particular?". Eu respondi que não, que havia estudado em escola pública, e ele imediatamente respondeu: "Então, você não vai entender essa matéria". Aquilo foi como uma faca no peito, me incomodou. Algo me dizia para pegar os cadernos e pesquisar. Assim o fiz! Deus me ensinou a fazer o fluxograma. Não falei nada para ninguém, o importante era entender a lógica para depois passar para o sistema.

Uma aula era teórica e a outra prática. Quando fomos para sala, dois amigos, Sami e Felipe, me disseram que não iriam assistir à aula. Disse para eles: "Gente, acho que aprendi uma coisa. Vamos para a aula". Mesmo achando estranho, eles resolveram me acompanhar. O professor passou dois problemas para serem resolvidos e deu uma risadinha sarcástica para nós. Nesse instante, os colegas me viram escrever e perguntaram-me o que estava fazendo. Eu estava escrevendo na mão o *software* e fiz em dois minutos e meio. Meus colegas acharam que eu estava ficando doido.

Passei para o computador, o programa girou e começou a calcular. Chamei o professor e pedi que ele fizesse o favor de conferir. Ficou espantado quando viu que estava certo. Então, comecei a fazer o outro exercício. Coloquei para rodar e o sistema funcionou. Levei cinco minutos para fazer a operação que, na média, a sala levava, aproximadamente, trinta minutos por exercício. Todos os outros colegas começaram a nos olhar com outros olhos. Eu tinha conseguido aprender a técnica. De tanto praticar, entendi o sentido.

Aquele mesmo menino que tinha me perguntado se eu havia feito processamento de dados em escola particular teve o programa recusado, não girava. A aula estava acabando e ele foi ficando desesperado. Então o Professor Miet disse: "Bruno, já que você acabou, olhe o programa dele e corrija". Todos ficaram atentos. Fui até lá, achei o caractere errado e coloquei o programa para rodar.

Ele, timidamente, agradeceu meio sem graça; afinal, o orgulho dele era maior. Devolvi a arrogância daquele "mala" com elegância e generosidade.

Acabei ensinando para a turma todos foram bem. Não adianta guardamos para nós o que sabemos, temos que propagar conhecimento. As pessoas são egoístas e não querem dividir o que sabem. Sempre brinco dizendo que tem gente que, quando morrer, tem que colocar o cérebro no laboratório.

Ainda no primeiro ano, na matéria de Cálculo, eu não ia bem. Sinceramente, não sei o que acontecia, ia sempre mal. Tentava, tentava, e não conseguia... Até que, na última prova, estava quase desistindo, mas resolvi tentar mais uma vez. Fiquei refazendo os exercícios com meus amigos no Shopping Continental. Treinamos muito, eu precisava passar, pois já estava com umas três DP´s. Precisava tirar sete! Meus amigos riam de mim, mas sabiam que eu havia estudado muito, e tinha que ter fé. Peguei a prova e fiz uma oração, de olhos fechados, com ela em mãos, e pedi paz e calma para executá-la, pois minha cabeça tinha muita informação. Quando abri a prova, tive uma grata surpresa: os exercícios que eu havia treinado estavam todos lá. Parece que a prova havia sido feita para mim, não sabia se comemorava ou se chorava. Só quem faz Engenharia entende o que eu estou dizendo. Às vezes, você estuda um semestre inteiro e tira uma nota baixa.

Havia cinco questões da matéria que era considerada uma das mais difíceis. Fiz com toda a calma do mundo e entreguei a prova. Para minha grata surpresa, tirei a nota 8,2. Portanto, fui aprovado na matéria. Para mim, ficou a maior lição: não desista de estudar mesmo que suas notas não sejam as ideais, sua hora vai chegar, desde que você se dedique e se empenhe. Teve colega que precisava tirar nota 2,0 e não tirou, infelizmente, acabou até zerando a prova.

O bacana aconteceu na prova de Álgebra Linear. A prova estava muito difícil e eu só havia respondido a um pouco mais que a metade dela. Não dormi, pois precisava tirar uma nota de 5,5 para passar, então não poderia haver um erro sequer, ou seja, tudo o que eu fizesse deveria estar cem por cento correto, caso contrário, estaria reprovado.

Lembro-me de que, quando entrei na sala para ver minha prova, o colega Felipe Camargo disse para a professora: “Esse cara merece muito, pois é um guerreiro!”. A professora perguntou: “Bruno, quanto você precisava tirar na prova?”. Eu respondi que era 5,5. Ela pegou a prova e entregou--me. E a nota estava exatamente como sonhei: 5,5. Sai correndo e pulei no chão de tanta alegria.

Estudei na Uniban, que hoje já não existe mais, pois foi vendida para Universidade Anhanguera. O corpo docente da Uniban era muito forte, eram professores renomados. Em 2002, com dezenove anos, comecei a cursar o segundo ano de Engenharia.

Durante o segundo ano de Engenharia Civil, segui com muito esforço, e principalmente porque o custo mensal da faculdade subir para R$ 610,00. lembro-me de que eu tinha medo de toda entrada de ano, pois não sabia quando pagaria. Houve um dia que ficou muito marcado em minha memória: tirei uma péssima nota em Cálculo Numérico, e um colega ficou tirando onda com a minha cara para a universidade inteira ficar falando da minha nota. Foi aí que me lembrei de que meu pai havia dito que eu precisava me relacionar com pessoas que tivessem mais inteligência.

Na faculdade, tinha uma galera que possuía muito dinheiro, pois tinha "patrocínio". O legal na vida é a pessoa nunca se comparar, pois automaticamente, ela mina suas forças para uma energia baixa. Acho importante relatar um episódio pelo qual passei e que chamei de "o milagre do caixa eletrônico" Nessa época minha situação financeira na faculdade era bem complicada. Sempre me coloquei no meu lugar. Meus amigos ricos tinham dinheiro e carros luxuosos, e eu era o cara que vendia o almoço para comprar a janta. O primeiro ano da faculdade foi dolorido, passei fome, não tinha dinheiro para comer e tenho orgulho de falar isso, porque sempre lutei. Lembro-me de que recebia R$ 560,00 de salário e o valor da mensalidade era R$ 555,00. Às vezes tinha que vender o vale-transporte para poder tirar cópias. Meus pais não podiam me ajudar e acho que, dos alunos, eu era o que tinha a pior situação financeira na sala.

Tenho um amigo que foi dar uma palestra em uma construtora e comentou da minha, aliás, da nossa situação. Éramos os mais pobres da nossa sala na faculdade e ele relatou este evento que cito logo abaixo que aconteceu comigo.

Houve um dia em que eu estava sem dinheiro para nada: nem comer ou sequer pagar a condução de volta. Para se ter uma ideia, na época, em 2002, o Banco do Brasil tinha cédulas de R$ 1,00 que davam para sacar, porém, meu limite estava ultrapassado. Mesmo assim, fui até o caixa eletrônico da Agência Rio Pequeno, e tirei um extrato, que veio com a seguinte informação: "cliente com limite ultrapassado".

Então, fui na "bota" até a Avenida dos Autonomistas, em Osasco, sem nada E, em seguida, para a aula. Na hora do intervalo, precisava ter fé para sacar uma nota ao menos no caixa eletrônico. Meu amigo disse: "Você vai ao caixa eletrônico? Vou com você!". Rapidamente eu respondi: "Não, é rápido, não esquenta, não...". O problema, para mim, era passar vergonha.

Fui até o caixa eletrônico, olhei para os dois lados e não saía nada. Colocava o cartão de débito e vinha novamente a mensagem: "cliente com limite ultrapassado". Curiosamente, naquela noite, não tinha ninguém esperando para sacar. Eu estava no Carrefour.

Então, numa última tentativa, levantei meus olhos para os céus e disse: "Deus que está nos céus, não gosto de incomodar ninguém, estou sem condições de pagar uma passagem para voltar para casa. Sei que aí do alto o Senhor tem visto minha entrega em campo, então peço encarecidamente que me envie desse caixa eletrônico R$ 10,00 do limite ultrapassado, pois já tentei várias vezes e agora farei a tentativa em nome do Senhor Jesus.

Coloquei o cartão na fé e disse para o caixa eletrônico: "Nota de R$ 10,00, saia em nome de Jesus!". Qual não foi minha surpresa quando o caixa abriu e pasmem... Saiu uma nota de R$ 10,00. Isso foi um marco na minha vida, mostrando-me que há pessoas que possuem contato direto com Deus, isso é fato, por intermédio da simplicidade e da fé.

Esse ano foi muito puxado o ensino e eu considero, dentro da Engenharia, um dos anos mais complicados em função do volume de matérias. Fui lutando com minhas forças, mas, como eu tinha muita dificuldade, arrumei um professor particular por conta própria e eu mesmo fazia as aulas para responder às listas de exercícios. E assim fui levando na raça.

Minha mãe começou a trabalhar na construtora como auxiliar de serviços gerais e ela me ajudava com um pouquinho de dinheiro, pois ficava muito pesado eu manter as despesas sozinho. Lembro-me que chegava à construtora e ela preparava o café. Eu tinha muito orgulho de ver minha mãe ali, trabalhando.

Foi uma época bem difícil, pois eu virava a noite estudando e muitas vezes dormia até sentado, para não perder o horário de estudo. Minha mãe quis tirar-me da faculdade para que eu tentasse uma pública, pois, na época, a USP (Universidade de São Paulo) estava aceitando alunos, e eu sabia como fazer, pois, tinha um amigo que me dava aulas particulares e poderia ajudar-me em meu ingresso lá dentro. Porém, como eu já estava adaptado, permaneci na Uniban.

Com a chegada das provas no primeiro semestre, precisava de alguns dias a fim de me preparar para tais avaliações. Andava tenso e procurava desabafar. Eu almoçava com uma colega de trabalho e, durante o almoço, dizia a minha opinião sobre o nosso departamento no geral. Depois de um certo tempo, notei que meu gestor estava de cara virada para mim, mas não dei tanta importância. Então, um belo dia, chegou minha folga, que daria para emendar. Não fui trabalhar em plena sexta-feira, afinal, era o meu dia de descanso. Entretanto, quando minha mãe chegou a casa, disse que meu chefe tinha perguntado por mim e questionado por que eu havia faltado.

Eu não havia faltado, e sim era meu dia de folga na escala do departamento. Na segunda, eu conversaria com ele. Chegando a segunda-feira, fui falar com ele, que afirmou que eu tinha faltado e que eu precisava ser punido com uma advertência. Expliquei a ele o processo, e porém não teve jeito, ele começou a dizer que eu tinha que pagar porque a regra era clara.

Semana de provas e eu com os nervos à flor da pele. Contestei e disse a ele que deveria estar havendo algum engano... Ele simplesmente foi arrogante e arredio: "Você tem que pagar!".

Respirei fundo, e eu, com apenas dezenove anos, não suportei e comecei a bater boca com ele. Claro que foi pior para mim, pois ele me deu uma suspensão, descontando de meu salário. Mas o ponto crucial era: a Maria Fofoca, com quem eu conversava, que levava e trazia informações para ele.

Quando voltei da suspensão, a empresa mandou-me continuar a fazer o meu trabalho, pois acreditava no meu futuro junto à construtora.

Meus pais,
Eu e Margarete.

Minha mãe me ajudou, comprando o carro do meu cunhado, marido da minha irmã Adriana. Fiquei empolgado, era um Voyage, ano 1982 e lembro-me até da placa do veículo. Ia e voltava da faculdade feliz!

Certa vez, a gasolina acabou quando estava voltando para casa. Não percebi que o combustível encontrava-se no final, pois o marcador correspondente não funcionava. Fiquei desesperado e pedi ao Senhor que enviasse um anjo para me ajudar.

Então, apareceu um homem, meio embriagado e falou que compraria o combustível para mim. Eu tinha somente R$ 10,00. Entreguei o dinheiro e ele foi, mas fiquei pensando que ele iria gastar o dinheiro em cachaça e não voltaria com o meu combustível. Depois de quarenta minutos, ele retornou e abasteceu meu veículo. O rapaz embriagado me ajudara. Na primeira semana de provas do semestre, fui para faculdade e estacionei o carro próximo à Uniban. Todavia quando estávamos voltando — nessa época, eu dava carona para o Felipe e ele me ajudava com algumas dicas de direção —, vi que haviam roubado meu carro.

Minha mãe comprou o carro com tanto sacrifício e o levaram... Isso acabou mexendo com meu psicológico e acabei indo mal nas provas. Hoje, entendo que tudo faz parte do plano de Deus. Voltei a andar de ônibus novamente.. Dormia pouco, não conseguia acompanhar as matérias, ficava desesperado. Às vezes, deixava de dormir para estudar. E, quando adormecia estudando, acordava com o barulho do despertador ao meu lado, que meu pai colocava para que eu não perdesse a hora.

Hoje é comum falar em bullying, mas, naquela época, os caras riam muito de mim quando eu tirava notas baixas nas provas. Estava na hora de selecionar melhor as minhas amizades. Sempre lembrava o alerta do meu pai: "Bruno, ande com pessoas intelectualmente melhores que você. Não adianta andar com pessoas limitadas".

Havia um menino na faculdade a quem algumas pessoas tachavam de "mala". O nome dele era Leandro Lira e era um aluno brilhante, tanto que, quando perguntávamos alguma coisa, ele já respondia prontamente. Certo dia, pedi que ele me explicasse uma matéria, e ele me ajudou, mas falava em termos científicos, de forma que eu não conseguia entender. Então pedi a ele que falasse de um modo mais simples. Ali começava nossa amizade e minhas notas começaram a melhorar, mas o segundo ano foi o ano mais difícil do curso de Engenharia, – passei apertado.

Lembro-me de um professor que lecionava duas matérias: Física II e Mecânica, e eu não fui bem nas provas dele. Fiquei com muito medo de ser reprovado, pois o limite de DP´s era três e eu não poderia ficar com quatro. Vi-me desesperado e fui conversar com o professor. Faltava 0,25 para eu não reprovar. Na lista dele,meu nome já aparecia retido e ele me disse que não poderia fazer nada.

Fui para igreja muito triste e orei. Deus me disse (quando dizemos que o Senhor falou, é sempre através de uma pessoa): "Você está aqui, lutou, suou a camisa, mas falo que, você foi aprovado, meu filho, fica em paz. Na hora em que as notas forem entrar no sistema, eu entrarei. Seu suor será recompensado com vitória. Eu vou considerar o 0,25 que faltaram". A mensagem foi muito clara e aconteceu desse mesmo jeitinho. Fui olhar as minhas notas e, na última matéria, que era Mecânica, o sistema travou... Imediatamente, me veio a palavra de Deus e de repente apareceu o resultado: aprovado.

Entrei na Construtora Viatec, onde trabalhava, pulando de felicidade e abracei o chefe de produção, Sr. Lourenço, que comemorou comigo:. "Fui aprovado para o terceiro ano de Engenharia!"

Que luta, meu Deus... Falam que o ciclo básico da Engenharia são os dois primeiros anos. Para todos os tipos de Engenharia, esses dois primeiros anos têm matérias unificadas enquanto as matérias específicas do curso começam a partir do terceiro ano.

E lá estava eu, no terceiro ano de Engenharia. Além disso, minha amizade com Leandro Lira ficava mais forte. Pensa em uma pessoa que foi agraciada por Deus com o dom da sabedoria... Leandro nasceu para ser calculista. Mais de uma vez, pedi ajuda a ele humildemente. Precisava que ele achasse uma maneira de eu entende as matérias, e ele me ajudou, tanto que minhas notas foram subindo. Lembram-se das palavras de meu pai? Pois é!

Alguns colegas começaram a ficar com "ciúmes", pois diziam que eu só andava com o Leandro. Então, o convenci a dar uma aula gratuita em um sábado para todos aqueles que se interessassem. Ele tinha a didática para ensinar e a aula foi um sucesso.

Leandro me ajudou muito nas matérias e comecei até a frequentar a sua residência em Carapicuíba. Lembro-me que havia dias em que eu só tinha o dinheiro para ir de condução no domingo e voltava a pé mesmo pelo Rodoanel. Tinha que aproveitar o conhecimento do colega que conseguia em um passe de mágica organizar qualquer matéria de cálculo.

O curioso é que alguns meninos diziam que o Leandro Lira era metido e não ensinava ninguém. Isso caiu por terra, pois ele ajudava todos que o procuravam com humildade. Existem pessoas que julgam os outros sem ao menos conhecer o seu caráter.

Bruno, um cara muito legal e dedicado. Esforçado em tudo o que faz. Persistência é sinônimo. Conheci o Bruno no nosso curso de graduação em Engenharia Civil, na primeira lista de exercícios de Cálculo I, com cem exercícios. Estava resolvendo sozinho na biblioteca e o Bruno me acompanhou e, a partir desse momento, surgiu uma grande amizade. E, sempre que podemos, um ajuda o outro em todos os aspectos. Bruno me prestigiou como padrinho de casamento e na apresentação da minha monografia no curso de pós-graduação. Este meu amigo poderá contar sempre comigo, e eu sei que é recíproco e seguimos nossa amizade forte. Desejo todo o sucesso para você, Bruno! Você merece todas as conquistas que já obteve e que irá obter ainda.

LEANDRO LIRA
ENGENHEIRO CALCULISTA
ALOÍSIO D'AVILA

"EU QUERO TRAZER À MEMÓRIA AQUILO QUE ME TRAZ ESPERANÇA."

LAMENTAÇÕES 3.21

MINHA ADMISSÃO NA WÜRTH

Decidi sair da construtora e buscar novos desafios. Eu era grato por tudo que fizeram por mim, mas estava na hora de trilhar outros caminhos. Eu tinha, inclusive, o sonho de conhecer outros países, novas culturas.

Comentei com os amigos da faculdade que estava com vontade de trabalhar com obras. Um dos meus amigos conseguiu uma entrevista para mim em uma empresa. Eu estava muito empolgado! Já pensaram, em um dia poder falar para minha família que ajudei a construir um prédio?

Fui fazer a entrevista todo feliz. Cheguei à empresa para ser entrevistado por um engenheiro e fiquei o dia todo esperando para ser atendido. No final do dia, chegou um homem, com uma energia pesada, dava para sentir no ar. Chamou-me, conversou comigo alguns minutos e disse que eu estava contratado.

Comecei a trabalhar e esse engenheiro me tratava muito mal. Sabem aqueles profissionais que gostam de plateia? Carroça vazia que fica gritando? Ele gostava de fazer isso na frente dos outros com os demais colegas. Eu estava cansado, Acordava às cinco horas da manhã, chegava em casa tarde e ainda era tratado daquela maneira?

Uma vez perguntei a ele se poderia ir embora. Ele me respondeu que eu ficaria até a hora que ele quisesse. Era quase um trabalho escravo, mas mesmo com todas essas adversidades, comecei a me destacar. No mês de dezembro, ele precisou fazer uma viagem e deixou a obra dos dois prédios que estavam sendo construídos na Vila Maria em minhas mãos. Dei o meu melhor, trabalhava de domingo a domingo. Até que um dia, um diretor da construtora foi a uma das obras e tratou-me mal também. Curiosamente, o meu chefe me defendeu, dizendo que, para ele, estagiário era engenheiro também, e não secretário. Mas não se iludam, era só para se mostrar o diretor.

Em janeiro de 2004, já no quarto ano de Engenharia, decidi que não ficaria naquele lugar que não me dava valor. Eu pagava duas conduções do meu salário, porque ele dizia que achava um absurdo a empresa dar uma bolsa-auxílio. Para ele, estagiário tinha que pagar para trabalhar.

Naquele dia, estávamos em uma laje de concreto de uma obra e ele fez um teatro, com gritos, para demonstrar poder. Eu não estava passando bem. Juro que minha vontade era acertar ele. Mantive a calma e saí dali, descendo as escadas, mas ele não se deu por vencido e veio atrás de mim. Eu disse a ele que não queria mais o estágio, que não era obrigado a ficar em uma relação de trabalho com aquela pressão psicológica. Fui embora para casa.

Na semana seguinte, recebi uma ligação do diretor da empresa pedindo-me para que eu fosse ao escritório. Esse homem não chamava ninguém pelo nome. Cheguei lá e ele, na maior hipocrisia, me elogiou e queria saber como havia sido a tratativa do engenheiro-chefe comigo. Relatei tudo o que havia acontecido e, mesmo pedindo demissão, eles me arrumaram uma obra em Osasco. Perguntou-me por por que aceitei uma obra tão longe. Então, fui bem sincero e falei que estava trabalhando por uma oportunidade de ter em meu currículo que ajudei a construir um prédio, mas não aceitei o emprego.

Estava decidido a mudar de vida. Eu queria trabalhar em outra área, mas em uma empresa grande, em uma multinacional. Estava cansado de trabalhar com pessoas que pensavam pequeno e percebi que eles, o diretor e o engenheiro chefe, estavam numa briguinha de ego entre eles, e eu não queria fazer parte daquilo. Saí de lá com a esperança de mudar de vida.

Comecei a enviar currículos e uma empresa multinacional me chamou para uma entrevista. Antes de ir, fui à igreja buscar a palavra. Deus falou assim, através de um irmão: “Entrou alguém aqui buscando novos ares em sua vida profissional. Amanhã você fará uma entrevista e diz o Senhor que este emprego é seu. Você se casará, terá filhos, comprará sua casa e viajará para outros países”.

Fiquei muito feliz, senti que aquela palavra de conforto e direção era para mim. Então deixem eu contar desde o início sobre a minha entrada na Würth. Vamos lá!

No mês de janeiro, desliguei-me da construtora onde estagiava, pois precisava iniciar uma nova trajetória em uma grande empresa. Lembro-me de que fiquei procurando uma recolocação profissional em algumas empresas. Inclusive, houve um dia em que realizei três entrevistas com um intervalo de algumas horas entre elas: manhã, tarde e noite. Nesse período da minha vida, eu dormia em um alojamento com um pessoal que não tinha condições de ir e vir todos os dias, pois o custo de idas e vindas com passagem ficava alto. A empresa alugou uma casa com vistas a reduzir as despesas para os operários e estagiários.

Tive o desejo de trabalhar na Empresa Quartzolit. Passei pelo processo de entrevista e fui até a última fase com o diretor da empresa. Paralelamente, por intermédio da Empresa Catho, fui indicado na mesma época para fazer uma entrevista em uma empresa multinacional alemã, de cujo nome, quando me ligaram, eu não entendi a pronúncia. Ligaram e disseram WÜRTH. Eu repeti: Vult? Hoje realmente existe a Vult Cosméticos.

Apesar de estar desempregado há cerca de um mês, eu precisava retornar ao mercado de trabalho urgentemente. Precisava trabalhar custear minha faculdade, até porque eu não tinha "paitrocínio". Lembro-me muito bem de que fui congregar na igreja Congregação Cristã no Brasil do bairro Jardim Conceição, em Osasco e lá há um momento, que é a Hora da Palavra, onde o pregador transmite uma mensagem guiada pelo Espírito Santo.

Como eu estava inseguro para a entrevista na Würth, vi quando Deus usou a boca de um saudoso irmão, que me disse: "Meu filho, você que entrou aqui e precisa de um novo emprego, saiba que amanhã você fará uma entrevista e diga a verdade sempre sobre seus objetivos. Deus vai preparar esse emprego para você. Fique tranquilo. Nessa empresa, você fará uma história, comprará sua casa própria e terá filhos".

Na segunda-feira, fui fazer a entrevista com a colega Alessandra, do RH[6] e com o colega Evandro Cordova, que, na época, era coordenador de divisão. A entrevista foi maravilhosa, coloquei meus pontos positivos e negativos durante a conversa, pois tinha que ser claro. Quando a colega falou do valor da bolsa-auxílio, tomei um grande susto: era de apenas R$ 600,00 e a mensalidade da minha faculdade na época, em 2004, já estava em R$ 700,00.

Disse na entrevista que havia pesquisado a história da Würth e que tinha me encantado com tudo o que li, mas que, para aceitar aquele desafio, precisaria que a empresa melhorasse a bolsa-auxílio, pois eu ia estourar por dever o curso se aceitasse o valor proposto por eles. Eles olharam um para o outro e disseram que estudariam o caso. Saí da empresa e, quando cheguei a casa, pensei: fiz besteira na Terra. Afinal, era a minha chance de trabalhar em uma multinacional alemã, presente em vários países do mundo, e eu chegara propondo as coisas!

Ao mesmo tempo que fiquei chateado comigo mesmo por falar a questão salarial, lembrei-me da palavra de Deus dizendo que, se eu falasse a verdade, ela me libertaria. Então, fui para igreja novamente no domingo e o mesmo pregador, disse: "Você que entrou aqui preocupado, achando que estragou sua entrevista. Rapaz, fique tranquilo, pois você falou a verdade e diz o Senhor, seu Deus: vou abrir a porta do seu emprego. Essa semana, eles virão atrás de você!

Era uma segunda-feira. Sentei-me ao lado do telefone da minha mãe e fiquei esperando. De repente tocou o aparelho e era da Würth. A colega Alessandra, do RH, perguntou: "Bruno, tudo bem?". E logo a seguir: "Parabéns, você foi aprovado para o cargo da bolsa-auxílio de nossa empresa. Pode trazer os seus documentos que sua vida se inicia em nossa companhia. E, detalhe, sua bolsa será de

6 - Recursos Humanos. (N. do R.)

R$ 800,00 para ajudá-lo a pagar a faculdade de R$ 700,00 e lhe sobrarão R$ 100,00 para tirar cópias e se manter".

O homem que se guia pela palavra de Deus não fica na mão. Iniciei na Würth no dia 8 de março de 2004, era o Dia Internacional da Mulher. Fui recebido na portaria e me acharam com cara de menor-aprendiz. Na recepção, um rapaz chamado Adriel me recebeu com toda alegria. Ele era estagiário também do D.P,[7] e infelizmente já faleceu. Nunca tinha visto uma empresa daquele tamanho e fiquei maravilhado com a energia dela, com a educação das pessoas ao me recepcionarem. Recordo-me de que, quando o RH foi me levar para conhecer as outras áreas, houve um momento em que a recrutadora, a Alessandra, disse: "Este é o Bruno Chagas e vai trabalhar na Construção Civil". As pessoas se olhavam e davam risada, pois não existia esse setor na empresa até o presente momento. Quando um colega mais engraçadinho disse: "Mas ele vai ser auxiliar do pedreiro, o Sr. Matias?". Então a Alessandra explicou que eu tinha sido contratado para um novo desafio na área da Construção Civil e desenvolveria os produtos para esta área.

Outro estagiário, chamado Claudemir, que também é irmão da igreja, me reconheceu pelo meu estilo e porte. Veio me dar as boas-vindas na empresa e me perguntou: "Amigo, o que você disse na entrevista? Por que minha bolsa-auxílio, que era de R$ 600,00, subiu para R$ 800,00".

Acredito que, de certa forma, Deus me abençoou com a oportunidade de trabalho e, também, beneficiou todos os estagiários. Alguns vinham de ônibus e me agradeciam, falando: "Cara, Deus usou você para me beneficiar, pois, com R$ 600,00, estava bem difícil para me manter".

O colega Ricardo Almeida me recebeu levando-me para minha posição de trabalho. Apenas me deram duas pastas de escritório de Construção Civil, referentes aos países Espanha e Portugal. Eu tinha que estudar aquele material europeu e saber quais produtos eu poderia lançar no mercado nacional. De fato, pela experiência que eu tinha em obras, conhecia bem as etapas do processo construtivo, pois havia trabalhado alguns anos em construtora.

Meu foco era ver a necessidade que os clientes tinham e colocar os produtos no mercado. Então, eu era uma espécie de olheiro de produtos, na minha opinião. Eu precisava achar uma fábrica que produzisse um determinado produto e comercializasse o mesmo com a marca WÜRTH. Foi um mega oportunidade em saber negociar com empresas de vários tamanhos e dar oportunidade a novos negócios, gerando emprego para a sociedade de uma forma indireta.

Eu não sabia nem falar direito... Ligava para as fábricas e iniciava o processo de negociação, mas eu não tinha nenhum vendedor na divisão Construção

7- Departamento Pessoal. (N. do R.)

Civil. O nosso líder contratou dois representantes comerciais para o início do projeto. Eu tinha que lançar produtos para a construção e envolver outros setores que estavam estruturados para fortificarem meu negócio e ter apoio de verba de investimento.

Resumidamente: era identificar o produto que a Würth precisava vender para atingir novos mercados. Convencer os empresários a investir nos novos negócios com nossa marca. Sinceramente, para um garoto de 21 anos, era uma oportunidade de ser alguém na vida, pois eu saía de uma obra onde era tratado de uma forma seca e ríspida, sem possibilidade de crescimento, para ser o responsável por novos negócios na Würth. Uma oportunidade e tanto!

Lancei meu primeiro produto, que era uma fibra de polipropileno em argamassas, chamado na época de FIBERFLEX, um produto que até então era muito usado na Europa, e mas que não teve tanto sucesso aqui, pois era uma tecnologia não conhecida pelos tipos de clientes visitados. Iniciei minha trajetória como desenvolvedor de mercado e não tive medo. Visitava os clientes com os vendedores e conhecia o mercado da construção no dia a dia. Notava que, em muitos momentos, não existia muito interesse do vendedor pelo negócio do cliente, ou o próprio vendedor não se mostrava interessado em trazer o negócio para dentro da casa, no caso, a Würth. Lembro-me de que nossa empresa investiu em dois carros, que visitavam empreiteiros de pequeno porte e vendia somente luva nítrica, luva química e serrinha, que fazia um efeito "S" dobrando.

Conforme ia aprendendo e conhecendo mais e mais os clientes e a própria empresa, comecei a tomar porradas nas reuniões, pois tudo o que eu fazia estava abaixo do esperado. Meu chefe sempre me dizia: "Cara, você não vem fazendo um trabalho legal, parece que as coisas não andam".

Eu trabalhava bastante, mas, como era novo, não conseguia o sucesso imediato e rápido que eles esperavam. Eu tinha tudo anotado, mas só escutava e ficava calado. Toda segunda-feira tinha reunião às oito horas da manhã e, no domingo, logo depois do "Fantástico", eu vivenciava uma verdadeira aflição. Era um clima tenso e pesado. Já ficava imaginando a tensão no dia seguinte.

O líder cobrava e trazia uma carga negativa para o ambiente. Não existiam pontos positivos na sala de reunião. Então, certo dia, passei mal, e fui parar no hospital. O médico olhou para minha cara e disse: "Meu amigo, quantos anos você tem?". Respondi: "

— Vinte e dois anos."..

Ele: continuou: "Você está com doença de velho, deixa eu entender... Seu chefe fala um monte de asneira e você engole tudo quieto, fica calado tomando pancadas e, claro, passa mal. Faz o seguinte, coloca na mesa a sua defesa e não fique quieto tomando bicuda, não! O máximo que podem fazer é mandar você embora e aí é, melhor ser demitido e ficar vivo. Portanto, estude, se prepare e argumente nas reuniões para não ficar igual a um papagaio de pirata. Na primeira reunião que tiver, coloque na mesa o '"bode"'."

O médico estava certo, A partir do momento em que você expõe suas ideias e não só absorve a forma como é julgado pelas pessoas, sua vida flui muito melhor. Eu absorvia o que ele, meu chefe, falava e acabava aceitando aquilo como uma verdade. Ele dizia que minha vida era muito ruim, não tinha carro, não tinha teto e ainda queria noivar no final do ano com aquele salário de estagiário. De forma inconsciente, ele negativava todas as pessoas. A impressão que eu tinha é de que ele achava que a empresa era Deus e o resto da população era nada.

Algumas vezes, ia para casa e comentava com minha namorada sobre o dia de trabalho ou com minha família. Eu permitia esse negativismo em minha mente. A sensação era que de que eu realmente não tinha capacidade para executar o ofício de minha profissão.

Certa vez disse a ele que só falava coisas negativas, que humilhava as pessoas, que aquilo fazia mal. Ele me respondeu: "Cara, se você vai para sua casa, se deita na cama e chora, significa que você vai ser um ferrado na Terra". Quer saber? Ele tinha razão! Eu precisaria ser mais forte. Comecei a trabalhar com mais energia e descobri que podia ser muito mais do que as palavras dele, que queriam me deixar pior. Eu, literalmente, blindei a minha mente contra a negatividade do meu gestor e pensei: sou mais forte do que este cidadão que tenta dizer para me sepultar. E foi o que eu fiz.

De fato, houve a reunião na segunda-feira pontualmente às oito horas e lá estava aquele clima de desmotivação nos olhos das pessoas. E logo o nosso líder começou a falar: "Cara, o seu trabalho está uma bosta, as coisas não andam, temos que fazer algo". Eu já tinha ido preparado, pedi a palavra e engatei a quinta marcha, usando o que o médico tinha me aconselhado. Rebati e argumentei apontamento por apontamento que meu supervisor fazia. Foi um estresse, mas também foi ótimo colocar tudo para fora. Confesso que, a partir daí, minha vida começou a destravar nos negócios. Fui para cima e pedi para que me deixassem lançar meu produto, o selador acrílico que vinha desenvolvendo. Já tinha pesquisado em várias regionais e tinha certeza de que seria um sucesso. Lembro-me dele dizendo: "Bruno, isso aí não vai vender nada, mas, se você quer ser persistente, lance. A responsabilidade é sua". Lancei e o produto foi um sucesso em dois setores: Madeira e Construção Civil.

Eu nem imaginava como seria um setor com vários vendedores e reuniões de equipe voltados para a nossa área até então. Na tentativa de sobrevivência como desenvolvedor de produtos, comecei a lançar materiais contando com a ajuda da Divisão Madeira, pois ela já contava com um mercado desenvolvido, com os produtos para marcenaria, marmoraria e lojas de material de construção. Também acompanhava os colegas do setor de madeiras e via que os clientes começaram a pedir um contratipo na época do produto Selatrinca da Suvinil, então eu comecei a estudar no mercado um material equivalente. Achei uma fábrica que se interessou em lançar o produto e a colocará-lo em linha. Os estudos de custos e lucratividade foram aprovados e então o lancei em dois setores: Madeira e Construção Civil. Chamava-se Selador Acrílico 300 ml, cor: branco, código: 0892165. Foi uma vitória, pois meu líder ficou empolgado, tanto que me chamou para uma reunião e disse: "O Bruno lançou um produto que foi primeiro lugar em faturamento na Divisão Construção Civil e, também, primeiro lugar na Divisão Madeira".

Eu, todo orgulhoso, agradecia internamente a Deus, pois tinha esse objetivo de atingir o primeiro lugar de desenvolvimento nos dois setores, mas não sabia que seria dentro do mesmo ano. Fiquei extremamente feliz e sonhando com o futuro promissor que teria ao desenvolver soluções para a nossa companhia que de fato contribuíssem para o bem-estar da Würth. Eu literalmente vestia a camisa da empresa em todos os sentidos.

Sinceramente, não gostava do clima e da saúde da empresa na época. Meu objetivo era ser efetivado e construir uma carreira lá, porém eu sentia o ambiente como uma capivara enterrada. Pensava comigo mesmo: o problema sou eu, preciso encarar um novo desafio... Foi então que meu irmão, Eric Chagas, me ajudou, indicando-me para uma posição de comprador na empresa Duratex. Inclusive, até a prova de Matemática Financeira ele trouxe para eu fazer.

Eu estava amando sentir o gostinho de ver o produto que lancei em vários estados brasileiros. Lembrei-me da palavra de Deus, que dizia que nessa empresa havia uma história a ser construída, envolvendo minha família, uma casa, e filhos, dentre outras mudanças. Mesmo com o ambiente pesado e nada saudável, permaneci.

Na universidade, cursava o quarto ano de Engenharia Civil. Um ano espetacular, pois minhas notas melhoraram muito em função do meu amigo Leandro, que Deus colocou em minha vida. O Lira me ajudava em sua residência nos finais de semana e, como relatei, eu tinha só o dinheiro de ida, a volta era na "sola da bota", mas sempre com alegria. A barriga continuava com fome e andando na beira do Rodoanel, sentido Osasco. Quando chegava a casa, ia para a igreja, mesmo andando uma hora a pé. Persistência e fé.

Certo dia, fui pegar um terno para ir à igreja e as traças haviam comido meu terno... Mesmo assim, peguei a calça de um terno e o paletó de outro e fui. Eu tocava na igreja e um rapaz, em tom de brincadeira, disse: "Nossa, você está parecendo um palhaço - o paletó de um e a calça de outro terno". Lembro-me de que fitei os olhos nele e disse calmamente: "Escreve aí, daqui alguns anos, estarei formado e construindo minha história, e você precisará estudar e mudar sua vida também; afinal, ter dinheiro hoje para comprar um terno não é sinônimo de sucesso. A vida gira e passa rápido demais e seu tempo é precioso".

O curioso foi que os anos passaram e a vida para esse dito-cujo não mudou muito, pois parou na linha do tempo. E eu, pela misericórdia de Deus, posso comemorar. Valeu a pena todo o suor e andadas a pé pelo Rodoanel.

Curiosamente, eu não tinha carro para ir trabalhar, então tomava duas conduções. Um amigo me dava carona no Rodoanel no quilômetro 23 (era uma placa que existia ali). Saía a pé e esperava-o me pegar. Algumas pessoas na empresa comentavam: "Nossa! Vi um cara igual a você parado na placa do quilômetro 23 do Rodoanel!"

E eu, sem vergonha alguma, respondia, brincando: "Esse cara, sou eu!". Meu apelido para alguns colegas virou quilômetro 23.

Essa empresa fez tão bem para a minha cabeça que passei de ano tranquilamente. Aproveitei o momento excepcional na área sentimental, meu namoro estava incrível e noivamos no final daquele mesmo ano com planejamento para casar-mos no ano seguinte.

Ao final do ano de 2004, lancei o primeiro Impermeabilizante da divisão, copiando nossos irmãos portugueses, o produto Isolastic, uma espécie de membrana acrílica para impermeabilização de lajes de concreto em geral, uma manta líquida para tratamento contra infiltrações em lajes de concreto.

Tive a oportunidade de fazer um treinamento que mudou minha vida de uma forma bem objetiva. A Empresa Plus Capacitação, representada pelos colegas Adriana Cruz e Emílio, deram um curso de oratória que até hoje eu uso: Os amortecedores de comunicação. O treinamento muda as pessoas positivamente. Eu tinha vergonha de apresentar alguns projetos e o treinamento me libertou.

Em 2005, aconteceu um fato inusitado: trabalho me enviou para uma tarefa fora do estado de São Paulo. Fui ao Rio de Janeiro e a empresa fazia mutirões para acompanhar os vendedores em campo. Sinceramente, eu não queria ir devido a ser estagiário, desejava ficar só em São Paulo.

Era o meu último ano da faculdade finalmente, e eu precisava fazer a rematrícula. Como fui obrigado a viajar para o Rio de Janeiro, fiquei lá durante o período necessário e, quando retornei, ao tentar fazer a rematrícula, fui informado de que a semana em que eu estive fora tinha sido o último prazo; portanto, eu perdera a data de fazer a minha rematrícula.

Ah, fiquei muito bravo... Tentei negociar, mas a universidade ficou irredutível comigo. Fui até a Würth e falei com o meu gestor e com o setor de RH sobre o episódio. A empresa fez apenas uma carta para a universidade, pedindo uma exceção, mas não houve acordo, perdi a rematrícula do quinto ano de Engenharia.

A minha turma da faculdade fez um abaixo-assinado pedindo que a universidade reconsiderasse e me desse a oportunidade de concluir o ano letivo, mas não teve jeito, não consegui a permissão de Deus para concluir o quinto ano de Engenharia.

Fui até a Würth, indignado, e os questionei.: "Poxa, por que vocês me obrigaram a acompanhar o vendedor, sendo eu um mero estagiário?" Então eles estudaram uma possibilidade com o Sr. Tadeu Rossetto, a quem sou muito grato e, com os colegas da Divisão de RH, e fui efetivado como técnico de produtos júnior, para fazer parte da companhia. A mudança, inclusive, já estava nos planos deles com a minha efetivação no próximo ano (2006), o que apenas se antecipou. Fui efetivado no dia 2 de maio de 2005.

O ano de 2005 foi muito diferenciado na minha vida. Depois de ter perdido o período de rematrícula da faculdade, fui efetivado na Würth como técnico de produtos. Além disso, a entrada do Edinei Biancardi na gerência da área de Construção Civil me deu um ânimo quando eu já não queria ficar. O problema não era a empresa, mas já não me sentia bem ali por conta da gerência anterior. No entanto, pela palavra de Deus, resolvi permanecer.

Edinei me procurou em meados de agosto de 2005 e pediu-me para que contasse um pouco da minha história. Foi então que desabafei, expliquei os motivos de não querer permanecer na Würth e confiei nele. Ele me pediu para ficar, pois juntos iríamos alçar grandes voos e até brincou, dizendo que um dia comíamos farofa, mas no outro poderíamos comer caviar. Acreditei nele, senti confiança nas suas palavras. Ele foi muito humilde, pedindo que desse aquela chance a ele e aos dois representantes comerciais, Luiz Paulo e Gustavo. Além destes, foram contratados mais alguns vendedores.

Tem pessoas que você olha e pensa: "Esse cara vai longe!". Mas, em anos lidando com pessoas, poucos são os que acreditam no potencial que têm e na sua grandeza. Porém, o que aconteceu com o Bruno é que a certeza de querer sempre fazer melhor levou-o a ir longe e multiplicar essa certeza. O olhar entusiasta e decidido trouxe para aquele estagiário infinitas possibilidades, e hoje esse líder multiplica sua essência. Parabéns!

ADRIANA CRUZ
INSTRUTORA DE TREINAMENTOS CORPORATIVOS
PLUS CAPACITAÇÃO

WÜRTH
RMH1B41

CONFIRMAÇÃO DO NOSSO CASAMENTO

Na igreja, temos um costume de, antes de tomar alguma decisão, orarmos e buscarmos a palavra e assim o fizemos. No dia 28 de dezembro de 2003, Deus usou um servo seu, que disse: "Olha, faltam cinco minutos para 21horas e Deus colocou em meu coração uma coisa muito bonita. Está aqui dentro um casal que está namorando. Vocês entraram aqui e pediram a Deus que Ele dissesse se o matrimônio deveria acontecer e o Senhor está lhes dando a resposta. Meu filho: pode se casar, que Ele autoriza o seu casamento. As bênçãos de Deus estão sendo derramadas em vocês agora. Você vai prosperar e ter filhos, vai conseguir sua casa e vou abençoa-lo na empresa em que trabalhará futuramente". A palavra foi uma confirmação.

Noivamos em dezembro de 2004, um noivado muito abençoado, e já começamos a planejar o casamento, que aconteceu em 10 de dezembro de 2005. Fomos muito agraciados por Deus, pois nosso casamento é tão iluminado quanto foi o nosso namoro.

Foram quatrocentos convidados. Casamo-nos no Rotary Clube de Osasco. Ficamos fora uma semana, na nossa lua de mel.

Claro que tudo é uma jornada. Hoje, temos dois filhos, é necessário dividir a atenção com eles, mas conquistamos uma vida prazerosa, saudável e uma comunicação aberta. Por trás de um homem de sucesso, de um campeão de vendas, posso dizer que há uma mulher extraordinária, e valorizo muito minha esposa.

Ela também trabalhou na Würth, na central de atendimento, no período de 2006 a 2008. É uma excelente mãe e uma parceira maravilhosa. Se tivesse que me casar novamente, com certeza eu a escolher-ia. Nossa relação e nossa química são fortes. Eu defendo nossa família como um leão!

O homem e a mulher são pequenas referências que Deus deixou na Terra. Falo que meu casamento só me trouxe prosperidade. Nos momentos de aflição, ela me trouxe a realidade, dando-me carinho, apoio, equilíbrio e incentivo. Fomos mais abençoados ainda por termos nossos filhos no momento certo. Nada acontece sem a permissão do Senhor.

Meu grande amor,

Falar de você é perceber que nada acontece por acaso e o que sinto por você é um carinho muito especial, um sentimento lindo que surgiu da simplicidade de um olhar. Sua presença forte, que encanta e deixa saudades por onde passa.

Todos os dias sou grata a Deus pela bênção de ter você ao meu lado.

Foi uma escolha sensata, a melhor das minhas decisões. Se pudesse voltar atrás, faria tudo de novo, prometeria mais uma vez amor eterno, lutaria todos os dias por nós, como sempre fizemos.

Quantas coisas maravilhosas já nos aconteceram nessa vida! Realizamos vários sonhos, juntos somos mais fortes e isso tem se comprovado a cada obstáculo.

Temos vivido lindos momentos e eu não poderia ser uma mulher mais completa, pois você é um esposo compreensivo e carinhoso, o companheiro perfeito na alegria e na tristeza. Acima de tudo, sou muito feliz por ver o chefe de família que você se tornou, sempre preocupado com todas as coisas a seu redor.

Um pai amigo e maravilhoso, que se dedica com tanto carinho e amor aos nossos filhos em todos os momentos.

Sinto-me segura toda vez que penso no bom exemplo que você dá para eles: o de um pai dedicado, trabalhador e muito comprometido em tudo o que faz, sempre preocupado em ajudar o próximo.

Amamos você!

MARGARETE FATTORE CHAGAS (ESPOSA)
GIOVANNA FATTORE CHAGAS (FILHA)
DANIEL FATTORE CHAGAS (FILHO)

O NASCIMENTO DOS MEUS FILHOS DANIEL E GIOVANNA

No dia 14 de fevereiro de 2011, nasceu meu filho Daniel Fattore Chagas com muita saúde e pesando 2.950 quilos. Foi maravilhoso vê-lo tremendo os lábios, parecia um peixinho. Já no dia 16 de março de 2019 aconteceu o nascimento da minha filha Giovanna, com 3.480 quilos e 48 centímetros. Uma menina linda e saudável.

WÜRTH
INSPIRAR
INOVAR
IMPLEMENTAR
JUNTOS VAMOS MAIS LONGE
growing

PLANO DE CARREIRA

Fui convidado pelo antigo presidente, Sr. Cesar Ferreira, e pelo meu líder na época a viajar para Portugal e verificar novas tecnologias e tendências para o mercado da construção civil. No ano de 2006, o Edinei estava sendo o gestor da Divisão Construção Civil. Tínhamos um clima de paz para trabalhar e uma alegria de estar todos os dias dentro daquela organização empresarial . Um ambiente renovado, saudável e agradável. A empresa mandou alguns técnicos e gestores para fora do país, mas especificamente para Portugal e Espanha. Não imaginei que seria chamado em função do idioma. Não falava espanhol... Porém, quando o César voltou da Europa, me chamou na sala e avisou-me para eu me preparar, e tirar passaporte, pois faria um trabalho de pesquisa de novos produtos para a Divisão de Construção Civil. Era um ano de Copa do Mundo. Viajei sozinho com a presença de Deus e sem o idioma.

Deus falou por sua palavra na boca de um irmão que, um dia, alguém dos jovens que ali estavam presentes iria atravessar o oceano e lembraria que a palavra de Deus iria se cumprir. Aquela previsão estava acontecendo naquele momento. Era a minha primeira viagem internacional. Fui para Espanha conhecer os produtos desenvolvidos pela Würth de lá e, depois para Portugal. Foi fantástico! Lembro-me de que a Itália foi campeã mundial naquele ano.

Quando cheguei à Espanha, fiquei muito perdido, mas me virei. Andava de metrô e tinha os mapas como guia. Levei o violino. Lembram quando falei para o André, meu amigo, que um dia tocaria em Barcelona? Pois é, tive essa honra de tocar na Congregação Cristã de lá, assim como toquei também em Sintra, cidade próxima a Lisboa, em Portugal. Foi uma alegria inenarrável.

Em Portugal, fui muito bem recebido, conheci os produtos e fiquei hospedado em um hotel chamado Pestana Sintra, que estava sendo usado para as gravações do programa "O aprendiz", apresentado por Roberto Justus. Tirei muitas fotos! Fiz muitos passeios, conheci os pontos turísticos, comi pastel de Belém.

Minha formatura foi marcada por encerrar um ciclo de muita luta e entrega. Olhar para meus pais e compartilhar com eles aquela vitória foi um presente que Deus nos proporcionou. Valeu a pena toda a renúncia dos finais de semana e o dinheiro empregado nesse período. Lembro-me da fome que passei, pois não tinha dinheiro para comer. A formatura foi meu troféu de campeão. Um presente para todos de minha família e também para os amigos que assistiram. Eu venci!

Na Würth, eu me dedicava muito, mas ainda não era um homem reconhecido. Trabalhava bastante, porém ainda não era notado como merecia. Era um simples funcionário, entretantos não desanimava, fazia alguns bons lançamentos de produtos, embora sempre pensasse que precisava lançar um produto novo que fizesse muito sucesso e ficava focando nas coisas boas, mirando no meu futuro, querendo ser um técnico reconhecido.

Segui na Würth, estagnado, e, mesmo lançando alguns produtos, o salário continuava baixo. Eu apresentava lançamentos que impactavam as vendas, mas a empresa mantinha a base salarial. Pensei comigo: "tenho um bom currículo e experiência para me jogar no mercado e conseguir um emprego melhor e poder dar uma vida digna à minha esposa. Como vou ter filhos ganhando esse salário? O problema não era da empresa, e sim meu. Se realmente eu era importante, agora teria certeza".

Comecei 2007 com uma visão diferente. Afinal, completara três anos de lançamento de produtos e meu salário continuava o menor dos técnicos. Enviei meu currículo para uma *head hunter*, que gostou muito dele e já me conectou com outra multinacional suíça de nome Sika, para fazer uma entrevista exatamente na área química como consultor de engenharia. Conversei com meu líder, sr. Edinei Biancardi, e, com muita humildade, contei a ele que tinha uma entrevista no dia seguinte numa empresa que estava me oferecendo o dobro do salário. Ele tentou argumentar, fez-me um pedido para que eu não saísse da empresa antes de ele falar com a diretoria.

E qual não foi minha surpresa quando descobri que não aceitaram meu pedido de demissão da empresa!

Um líder que briga por seu comandado tem total respeito em qualquer esfera. Quando voltei para a Würth, só informei sobre meu desligamento, pois já tinha praticamente um contrato para assinar no dia seguinte. Foi aberto para a companhia Würth o nome do concorrente que queria me contratar e o ex-presidente, junto com meu líder, apostou no meu talento como desenvolvedor de produtos e fez uma contraproposta irrecusável para eu continuar. Vou ser bem sincero: falei para eles que a palavra de Deus não me autorizava a sair daquele jeito. Eu poderia até quebrar a cara, mas, de coração, queria defender as cores da Würth.

O RH, por intermédio da colega Andrea Ferrari, me chamou com uma carta de promoção de cargo e reajuste salarial. Isso marcou minha vida profissional, pois, no fundo, a empresa sabia que, na área de produtos, faria bons lançamentos, dando sequência ao projeto para a rede de vendas. Foi uma aposta de todos juntos, em comum acordo.

E eu me senti extremamente valorizado!

Tudo estava indo bem, mas, como diz a música do Psirico, não tinha carro nem tinha teto, morava nos fundos da casa dos meus sogros e ia trabalhar de ônibus. A minha esposa saiu do Carrefour logo após o nosso casamento e, no ano seguinte, apareceu uma vaga para a Central de Relacionamentos da Würth, e a indiquei. Foi contratada imediatamente, então íamos juntos trabalhar, porém combinamos que o café e o almoço faríamos cada um com seus respectivos amigos. Naquele ano, resolvemos comprar um carro. Adquirimos um Fox zero quilômetro.

Um amigo comentou comigo sobre marketing multinível, que era uma rede que indicava pessoas, ganhando comissão. Interessei-me no início, até participei de algumas reuniões, mas aquilo não era para mim. Porém, em uma das palestras a que fui, o assunto tratado ali mexeu comigo. A palestra foi dada pelo Rodrigo Cardoso, que trabalhava na Rádio Transamérica, e ele dizia o seguinte:

"Se fôssemos aquela pessoa que saía do trabalho, ia para casa, jantasse e sentasse para assistir ao Pica-pau, seríamos fracassados".

Era eu! Eu precisava mudar minha postura.

Ele nos fez fazer uma carta para Deus, minha mãe já havia nos ensinado isso quando éramos crianças, então comecei a fazer a tal carta, escrevendo que queria uma casa própria, queria crescer na empresa, queria ter filhos. Aquela cartinha ficou guardada por alguns anos.

Vejam, é importante registrar uma situação que Deus me colocou. Em 2009, mesmo morando de favor na casa de minha sogra, eu via o esforço de minha irmã Adriana cuidando de seus filhos. Poxa, ela morava de favor na residência de sua sogra e a casa tinha problema de ventilação e umidade. Meus sobrinhos Raquel e, principalmente, o Davi sofriam muito. Era de cortar o coração. Eu guardava todo o dinheiro suado que podia para comprar algo no futuro. Certa vez, estava na Würth e vi um colega chamado Custódio falando sobre uma oportunidade na compra de um imóvel com um preço acessível, afinal, o casal estava se separando e precisava efetuar o negócio. Outro colega, Jonas, que estava fazendo a oferta, não se interessou, mas eu pensei que poderia ser um bom negócio para a minha irmã, Adriana. Ela sempre dizia que queria morar para o lado de Cotia ou Caucaia do Alto, em São Paulo. O preço do imóvel estava dentro das minhas condições. Como morava de favor, sabia, por experiência própria, que, afinal de contas, todo mundo quer privacidade. Ainda mais minha irmã, com dois filhos, ela precisava muito mais do que eu.

Eu a avisei, e ela foi com meu cunhando ver a casa e ficou apaixonada. Um terreno com 10mx25m e uma edícula no fundo, murada com portão. Porém, ela não tinha o dinheiro para comprar, só meu cunhado trabalhando como operador de empilhadeira na Colgate/Palmolive era difícil. Havia um terreno na rua e ela queria comprar o terreno para fazer algo e entrar. Então, minha esposa e eu decidimos que o dinheiro que tínhamos passaríamos para minha irmã, a fim de ajudar na operação rápida da aquisição do imóvel. Feito isso, foi realizada a operação comercial com sucesso.

Na época, houve uma crise de carros no Brasil. Tinha agência que ficava dois meses sem vender nada. Meu cunhado precisava vender um Corsa antigo para levantar algum dinheiro e lá fui para a Würth e conversei com um amigo, Sr.Ricardo Almeida, que adquiriu à vista o carro do meu cunhado, pois sua esposa estava precisando de um automóvel e isso ajudou muito. A outra parte ela pegou um empréstimo e mudou-se para sua casa.

Citar esse caso da minha irmã é muito gratificante para mim quando fiquei sem casa. Deus falou para mim: "Eu vou lhe dar uma casa rápido e urgente! Você teve a chance, foi testado e abriu seu coração, fornecendo o único dinheiro que havia conseguido. Por isso, Deus prospera aquele que serve às pessoas de coração".

“

QUANDO VOCÊ ACHAR QUE É MELHOR DO QUE SEU IRMÃO AO LADO, SAIBA QUE É O INÍCIO PARA O PRECIPÍCIO PESSOAL E PROFISSIONAL.

BRUNO CHAGAS

”

“

SEJA MAIS ÁGUIA E MENOS PAPAGAIO. O PAPAGAIO FALA MUITO E VOA BAIXO. JÁ A ÁGUIA É SILENCIOSA, MAS CAPAZ DE ALCANÇAR AS NUVENS.

AUTOR DESCONHECIDO

”

UM ANO INCRÍVEL

No início de 2010, meu sogro, Sr. Gerônimo, comentou comigo sobre uma oportunidade em comprar uma casinha com um preço convidativo. Fui até o local e a pessoa disse que tinha duas pessoas na minha frente. Agradeci e fui embora, afinal, já havia um processo em andamento. Passados alguns dias, o proprietário do imóvel foi até à minha casa dizendo que as duas pessoas não quiseram, pois, como havia o falecimento de sua esposa, deveria ser feito o inventário. Fiquei receoso, mas busquei uma orientação na palavra e Deus, que confirmou a compra daquele imóvel e, no final, deu tudo certo, até a transfe-rência da escritura definitiva em meu nome.

A casa ficou vazia, sendo monitorada pelo meu irmão Zé Neguinho, que, mesmo em dias chuvosos, ia lá em meu portão e, caso percebesse algum movimento estranho, já me contava. A residência precisava de uma boa reforma, pois era muito antiga e realizada sem projeto. Fiz um projeto bonito com uma arquiteta, mas não tinha dinheiro para a reforma.

Recebi uma oportunidade de ouro: fazer uma reunião na Central da MRV Engenharia, em Campinas, São Paulo. Uma importante reunião de negócios, mas devido a essa situação (pois eu trabalhava como desenvolvedor de produtos), pensei em desmarcar, quando de repente fui tomado por uma força e algo me dizia: "meu filho, é a sua chance de fechar seu primeiro grande contrato profissional". Quando ouvi isso, mesmo com toda a adversidade, me preparei para a tal reunião e, fui para Campinas, São Paulo. Pasmem, nesse dia, fechei o negócio e eu tinha todos os motivos para desistir da reunião, mas fui adiante. Começava a nascer uma parceria sólida.

Mesmo fechando o contrato, começou a chover vários pedidos em meu e-mail. Era maravilhoso ver o resultado de muito trabalho, mas meu líder não queria que eu trabalhasse no comercial, pois não queria perder minha base como desenvolvedor de produtos. Então, eu visitava várias construtoras, mesmo ainda não sendo um vendedor de fato. Eu me aventurava e tinha toda a confiança. Teve uma negociação que trouxe um pedido de R$ 40.000,00 para venda direta. Eu me sentia bem atendendo às pessoas e levando solução e a nossa marca para dentro das obras.

2ª Viagem internacional para pesquisa de novos produtos para o mercado da Construção Civil

Eu não estava satisfeito do ponto de vista pro-fissional, haja vista que minha vida de lançador de produtos para o mercado já tinha chegado ao limite. Nesse ano, os resultados foram excepcionais, pois tive a honra de lançar quatro produtos que fizeram muito sucesso, inclusive até hoje existe a linha de selante híbrido para a construção civil. Antes, só havia um produto por nome de K+D Cola e Veda, que vendia, por exemplo, trezentas unidades por mês. Saímos desse número para sessenta mil unidades por mês, com o produto Chapiscomix, um aditivo para aderência de argamassas, com o Selapoxy, uma espécie de cola multiuso para vergalhão de concreto, e nosso querido Expanfix, espuma de PU[6] para fixação de batentes e portas.

Quando chegamos a Portugal, conhecemos toda a culinária e o universo da nossa empresa naquele país. Portanto, foi realizada uma reunião de divisão. Nessa mesma data, o antigo diretor, o engenheiro Sérgio Modesto, disse ao então ex-presidente que a Würth do Brasil precisava contratar um engenheiro de vendas, alguém com perfil para técnico com vistas a discorrer sobre produtos nos meios sociais com propriedade. Foi então que vi que o Edinei estava me olhando, mas não disse nada. Então, pedi a palavra e pelo menos as pessoas foram educadas em me ouvir até o final. Relatei e disse brincando a frase do cantor brasileiro Roberto Carlos: "Esse cara sou eu!". César olhou para o Edinei e perguntou: "Você sabia do desejo do garoto?". Ele disse que sim. "Então, não podemos impedir o seu desenvolvimento do profissional. O cara é de campo, já aprendeu tudo sobre produtos e quer conquistar outras experiências. Quando chegar ao Brasil, vamos fazer com calma essa transição".

O bacana da cultura de Portugal, que eu percebi, era a educação das pessoas, pois tudo que eu pedia em material técnico eles demonstravam com todo o afinco. Lembro-me de dois técnicos, o Sr. Pedro Capucho e Ricardo Pernes, extremamente atenciosos no processo. Aprendi bastante sobre produtos com esses meninos. Eles me mostraram a história da Divisão da Construção Civil no mundo e, de acordo com eles, foi um setor que nasceu na Itália. Com certeza, os ensinamentos que trouxe me ajudaram muito no meu crescimento profissional.

Conclui 2010 terminando o desenvolvimento de produtos e me preparando para assumir um novo desafio no ano de 2011.

6 - Poliuretano. (N. do R.)

Esse foi o ano do meu processo de migração para o setor comercial, o cargo foi KAM[7], uma espécie de gerente de grandes contas, ou seja, alguém responsável por prospectar e manter os negócios de faturamento elevado. Como eu havia conquistado o primeiro contrato no ano anterior, começou minha trajetória.

Lembro-me de que, quando foi anunciada a minha mudança de área, a empresa sempre fazia reunião de equipe e havia um vendedor falando: "Esse tal de Bruno Chagas tem uma cara de padre, não bebe e não fuma. Não trai a mulher, como vai fechar pedidos e contratos?". Para ele, um crente jamais teria sucesso em vendas... "Para fechar pedido de ordem elevada, tem que ir a um bordel e dançar com as garotas. Ele é crente e chato, só vai à igreja, não faz mais nada". Esse é um tipo de preconceito também pelo qual nós, evangélicos, passamos constantemente. Eu ouvi, tentaram avisar ao colega que eu estava ali, mas não importava. Eu agradeço a ele, pois, dentro de mim, nasceu uma fome de ser produtivo e fazer a diferença em meu setor, então o foco é trazer negócio.

Eu percebi uma fome e uma sede de vitória, que esse carinha despertou. Havia um leão adormecido dentro de mim. Eu pensei que um dia iria conquistar meu espaço sem pisar sobre a cabeça de ninguém e sem trair minha família. Resposta se dá com trabalho.

Com as comissões de 2011 e a valorização profissional, essa tal feita pelas plantações comerciais, comecei a colher um salário expressivo. Pela primeira vez passei a entender o que era um salário de verdade.

7 - Key Account Manager (termo em inglês). (N. do R.)

No final, o cliente vendendo sempre para você.

CRESCIMENTO PROFISSIONAL

Cheguei ao Brasil, comecei com a mudança de cargo. Renunciei à minha posição dentro da empresa para fazer o que realmente queria: vender. Eles me deram um carro, um Pálio, para trabalhar e fui vender com toda energia. Eu tinha que ser um vendedor diferenciado.

Minha passagem pela área técnica e meu relacionamento com os vendedores me proporcionaram observar as atitudes destrutivas que alguns vendedores tomavam e tinham. Eles não eram perseverantes e não gostavam de atender empresas grandes. Eu peguei todos os pontos negativos observados e perguntei-me o que faria no lugar de cada vendedor.

A MRV Engenharia foi a primeira empresa com quem fechei contrato em 2011, e esta empresa me abriu muitas portas, me deu a oportunidade de ser reconhecido, valorizando os meus produtos, afinal, é uma das maiores no segmento predial do país. Que alegria! Sou extremamente grato, pois mudou minha história com o projeto Minha Casa, Minha Vida. Eles me deram a oportunidade de apresentar meus produtos em uma reunião realizada em Campinas. Comecei a vender muito lá, o que fez com que a Würth me visse com outros olhos, pois, a partir desse projeto, outros clientes nos procuraram.

Fechei contrato com outras obras, tratando as pessoas igualmente, não importando se a empresa compraria o produto ou não. Muitas vezes sabia, já na primeira visita, que não compraria, mas fazia a demonstração mesmo assim. Eu precisava perseverar. E os resultados chegavam. Às vezes, recebia uma ligação de outra empresa, de uma pessoa que trabalhou na empresa que havia demonstrado o produto, mas que não havia comprado, dizendo que se lembrava de mim e do produto, e que queria adquirir o produto para nova empresa. Percebi que, comercialmente, a resiliência e a paciência são fundamentais.

Às vezes, a empresa estava com dívidas e por isso não poderia fazer uma compra, mas me indicava para outra empresa que talvez não conseguisse uma oportunidade de demonstrar meus produtos e essa empresa me recebia e comprava. Aqui fica a dica: nunca ache que você é maior que seu cliente.

Na minha tratativa para com meus clientes, uso muito a empatia, e isso foi e ainda é meu diferencial até hoje.

REALIZAÇÃO DE UM SONHO DE CRIANÇA: CASA PRÓPRIA COM PISCINA

No início desse ano, já de cara, conversei com minha esposa sobre a possibilidade de mudarmos de casa, comprarmos um apartamento nosso e não pagarmos mais aluguel. Comecei a pensar sobre isso e logo me lembrei da possibilidade de investir no interior de São Paulo. Eu gosto de Iperó e sempre visitava o tio Gilberto (Fi), então pensei comigo mesmo: quem sabe não acharia uma casa bacana naquela região? Moramos por um tempo e devagar vamos reformando nossa casa em Osasco, que, por sinal, estava alugada e teríamos que mexer nela também.

A saga da procura... Visitamos mais de vinte imóveis, porém as coisas não andavam. Até que, certo dia, vi uma casa térrea com piscina na imobiliária de Iperó. Fui até o imóvel com minha esposa e entramos na casa. Sabe aquela alegria e paz? Na mesma hora, sentimos que seria nossa...

Já falei imediatamente do valor proposto com a corretora, que ligou para a antiga proprietária e fechou o negócio no ato. Uma gratidão a Dona Valéria por ter nos deixado tomar posse da casa antes do restante do financiamento imobiliário. Deus é maravilhoso e ela nos deu a oportunidade de sairmos do aluguel com uma criança pequena e mudarmos para a casa recém-comprada. Essa atitude me salvou de oito meses de aluguel.

Mudei-me no dia 30 de abril de 2012 e que sensação especial você chegar com sua chave e abrir sua própria casa. Foi emocionante! Deus tomou um caminho em minha vida e meu deu uma família sensacional, uma casa com mais de duzentos metros quadrados e piscina no fundo.

Esta casa marcou uma obra que Deus fez com meu filho, Daniel Chagas. Ele sempre se alimentou muito bem e dava prazer vê-lo comendo. Ele era bem pequeno e se engasgou um dia com um pedaço de bisteca. Minha esposa tentava fazer o procedimento para expeli-lo, mas não conseguia. O pedacinho entrou por algum lugar a que não tínhamos acesso e nada do que fazíamos dava certo. Fiquei preocupado, pensei em levá-lo para o hospital. Lembrei-me minha reunião de jovens e menores, quando recebi uma mensagem que dizia assim:

"Quando você for adulto, passará por uma aflição com seu filho e nada resolverá, mas eleve-o ao alto e clame por Deus, Ele fará um milagre".

Meu filho estava mudando até de cor, já ficando roxo, então o peguei e o coloquei para o alto e disse: "Senhor, já passei por muitas coisas nesta vida, mas perder meu filho não dá, não suportarei. Eu lhe suplico e digo que esta carne que está aí parada saia em nome de Jesus.". Para quem não acredita no milagre de Deus, a carne saiu na mesma hora, pulou em minha mão e eu ouvi meu filho me chamando: "Papai, papai!". E ele me abraçou.

Deus, de fato, é maravilhoso!

O final de 2012 foi primoroso, pois vários membros de minha família passaram a virada de ano conosco. Fizemos uma festa maravilhosa, todo mundo pulou na piscina, mas faltava uma pessoa, minha avozinha Margarida, que morou muitos anos com minha mãe. Ela nos disse que não iria, pois passaria as festas tranquilamente em Osasco.

Resolvi ir buscá-la! Levei quatro horas para chegar à sua residência devido ao trânsito. Coloquei-a em meu carro e lá fomos nós para Iperó, comemorar a casa nova que Deus nos preparou.

Quando minha avó chegou, ficou encantada ao ver tudo, coitadinha. Olhou ao redor, elogiou, nos felicitou. Ela sempre foi muito comunicativa comigo e atenciosa, pude ver a felicidade por nós através de seu olhar.

“

TUDO POSSO NAQUELE QUE ME FORTALECE.

FILIPENSES 4:13

”

“

SE DEUS ESTÁ FAZENDO VOCÊ ESPERAR, ENTÃO FIQUE PREPARADO PARA RECEBER MUITO MAIS DO QUE PEDIU, VOCÊ CRÊ?

AUTOR DESCONHECIDO

”

NOSSA GENTE
CRESCIMENTO PROFISSIONAL

WÜRTH

Caro Colega,

É com satisfação que anunciamos a promoção do colega Bruno Chagas para a posição de Gerente de Grandes Contas da Equipe 389 - Divisão Construção Civil.

Bruno Chagas iniciou na Wurth do Brasil em março de 2004 como estagiário e primeiro funcionário da Divisão Construção Civil. Foi promovido a Técnico de Produtos em 2005, passando pelas posições Júnior, Pleno e Sênior. Em 2006 se formou Engenheiro Civil e acrescentou muito para a empresa, devido sua formação.

Em 2009 iniciou o atendimento a grandes construtoras e em 2011 desenvolveu produtos específicos para grandes obras, além de palestras para estes clientes.

Em 2012 iniciou sua especialização com foco no trabalho que desenvolvia: Impermeabilização. Os estudos teóricos lhe auxiliaram a se tornar Campeão Brasil de vendas da Divisão Construção Civil e a ficar entre os 10 melhores vendedores da Wurth nesse mesmo ano.

Passa a assumir desde Junho de 2013 a posição de Gerente da Equipe 389 - Grandes Contas, gerenciando os 05 vendedores da equipe da Construção Civil.

Agradecemos ao Bruno pelo trabalho desenvolvido durante todos esses anos e desejamos sucesso em sua nova função!

Atenciosamente,

Recursos Humanos
Wurth do Brasil

Bruno Chagas

PROMOÇÃO: GERENTE DE GRANDES CONTAS

Escrevi em um papel o nome de algumas empresas para as quais eu gostaria de vender, mas eles ainda não me atendiam, mesmo eu dando o melhor atendimento. Fui convidado pelo gerente e pelo César para uma reunião, e eles me perguntaram quais eram meus objetivos para 2013. Eu falei que queria assumir uma equipe de vendas, gerenciar grandes contas que tinham um faturamento em médio e longo prazo.

Trabalhei duro para isso. A empresa estava passando por uma fase de automação e logística, lembro-me de que deu um problema sistêmico, o que acabou atrasando todos os pedidos, e eu não poderia deixar a minha relação comercial com os meus clientes esfriar. Uma coisa que aprendi é nunca se esconder da batalha, tinha que dar uma satisfação verdadeira e digna para o cliente, nem que ele não comprasse mais. Mas eu sempre falava a verdade.

Eu trabalhava na rua o dia todo com vendas. No final da tarde, retornava à Würth e ficava na salinha que era destinada à construção civil. Ali permanecia muitas vezes até 22 horas e ainda voltava para Iperó. Foi um ano louco, no qual eu trabalhava muitas horas por dia, mas com satisfação, acompanhando cada caso, cada cliente pessoalmente, para poder dar uma satisfação e transmitir tranquilidade a todos.

Fui promovido a gerente de grandes contas e gerenciava uma equipe que vendia muito bem. Nós nos dávamos muito bem e viajei muito esse ano. Mas, no mundo corporativo, nem todas as pessoas são corretas e justas com seus colaboradores, algumas são volúveis tanto no tratamento como nas decisões. Terminamos o ano bem em números, mas, um dia, um dos funcionários me chamou e perguntou se eu estava sabendo que haviam me tirado da gerência da equipe.

Eu não estava sabendo de nada. Fizeram uma unificação de setores e equipes e os integrantes da minha equipe passariam a responder a outra pessoa, na verdade, um amigo de outro gerente. Só que eu, a pessoa interessada, não fui comunicado. Quando o gerente veio falar comigo, questionei-o. Afinal de contas, minha equipe tinha trazido resultados muitos bons e queria saber como ficaria minha situação. Eu já havia passado meus clientes para os vendedores e, pelo nos, isso eles fizeram, repassaram meus clientes para meu banco de dados e informaram-me que eu seria um KAM – *key acount manager* nacional.

> ANTES DE SAIR DE CASA, DIGA À DEUS COMO MOISÉS DISSE: SE A TUA PRESENÇA NÃO FOR COMIGO, NÃO ME DEIXE SAIR DESTE LUGAR.
>
> EXODO 33:15

> ANDE COM PESSOAS QUE TENHAM O MESMO PROPÓSITO QUE VOCÊ
>
> AUTOR DESCONHECIDO

Fui até a Würth conversar com meu líder, que me disse que infelizmente havia acontecido uma mudança de plano e eu seria somente um KAM nacional do setor. Foi uma bagunça porque existiam clientes que eu havia remanejado para outros colegas e, claro, voltaram para o meu atendimento direto.

Foi autorizada a contratação de dois promotores de vendas para demons--tração de produtos nas obras com o intuito de marcar presença e consolidar nossa marca em grandes empreendimentos nas grandes contas. Contratei dois funcionários, Eric Chagas e Darlan Pontes. O intuito era formá-los nas categorias de base da empresa e, no futuro, assumirem posição comercial dentro de nossa companhia.

Nossa empresa criou uma campanha para viajar à Alemanha, pois era 2014, ano de Copa do Mundo. Então, fiquei extremamente motivado com a oportunidade de viajar para conhecer nossa matriz. Eu via as fotos e me imaginava lá, presente. Fizemos um trabalho de muita maestria. Os meninos visitavam as obras, orientados por mim, e eu fazia o fechamento das vendas para vencer os obstáculos. As pessoas me conheciam bastante e sabiam do sucesso nas grandes contas.

Quando chegou no final dos seis primeiros meses do ano, meu semestre estava longe de atingir o êxito, mas eu não parava de prospectar. Nos últimos dez dias do mês de junho de 2014, negociei a impermeabilização de um galpão de um cliente que havia conhecido nosso produto em uma feira de negócios em que nossa empresa estava expondo.

A Würth indicou minha pessoa para negociar e levei o cliente até a companhia. Mostrei as áreas, a idoneidade e o caráter de nossa empresa, tudo com muita transparência. Ele orçou um telhado de dez mil metros quadrados com nosso produto Isotérmic, uma tinta térmica e impermeabilizante, cuja função era reduzir o calor e evitar infiltrações. A mãe desse cliente veio dos Estados Unidos e fechou um pedido de R$ 170.000,00! Não é todo dia em nosso negócio que acontece uma venda assim, mas fui privilegiado e agraciado por Deus em bater o martelo.

Avisei aos líderes da minha empresa acerca do fechamento, mas ambos disseram que a Würth não tinha tempo hábil para produzir todos os baldes. Além disso, nossa empresa notou pouca movimentação no CNPJ do cliente e, por segurança, solicitou R$ 60.000,00 para pagamento no ato, sendo que o restante poderia ser faturado.

O cliente me explicou que toda reforma era feita por ele e o outro sócio. Segundo diziam as más línguas, este outro sócio era uma pessoa que emprestava dinheiro a juros (agiota). Eu fiquei com medo e levei os dois técnicos para me acompanharem na negociação da entrada. Cheguei em um calçadão no interior e São Paulo e a pessoa chegou, ficou olhando para vários lados, todo desconfiado, e perguntou se eu havia levado pessoas comigo. Respondi que sim que estava sendo monitorado.

Nossa reunião foi tranquila e o cliente providenciou um cheque (com fundos, obviamente) no valor de R$ 30.000,00 à vista e o restante o outro proprietário que iria providenciar.

Como o valor em mãos para nossa empresa, tínhamos o custo do produto, então combinei com o cliente faturar a nota fiscal até o dia 30 de junho. Inclusive, alinhei com a Divisão de Faturamento da empresa, que me avisou que sempre fazia isso, ou seja, alinhei tudo. O material só chegaria no início de julho, pois o fabricante não tinha tempo para salvar a entrega.

Quando fui trabalhar no dia seguinte, recebi um chamado para comparecer à sala do diretor da área, que me deu um sermão profético, razão pela qual fiquei muito constrangido com a exposição. Os líderes todos sabiam disso, mas, na hora em que o diretor chegou, firme, todos me "largaram na rodovia". Uma pessoa me entregara para o diretor, alegando que eu havia quebrado as regras da empresa. Foi o meu pior dia na companhia, tudo fora muito humilhante para um profissional que já performava tanto. Meu sonho era conhecer a Alemanha e ali percebi que estava longe.

Não dormi naquela noite pensando em pedir demissão ou buscar novas ares em outra empresa. No dia seguinte, tomei coragem e bati na porta do diretor.

Entrei, fechei a porta e coloquei tudo para fora de uma forma educada, mas mostrando a verdade dos fatos e dos meus atos como vendedor. Ele foi muito educado e sensato e até pediu desculpas pelo teatro que fora feito no departamento, pois várias pessoas viram.

Fui cortado da viagem da Alemanha, inclusive a empresa chegou a depositar o dinheiro em minha conta e depois estornou.

Depois desse episódio, meu carinho pela empresa mudou em função das pessoas. Eu era só um menino performando, querendo conhecer a matriz. Onde estava o mal desse sonho? Eu consegui, sim, pois o cliente pagou tudo rigorosamente e dificilmente alguém em um setor pequeno como a Construção Civil conseguia R$ 60.000,00 de entrada sem ter o produto disponível.

Busquei em Deus uma direção porque achava que minha experiência naquela companhia havia chegado ao fim, mas Deus não confirmou minha saída e ainda usou várias pessoas, como o colega que trabalhava como GA na época, Fábio Fernandes, que pediu para eu não sair da empresa. Minha esposa também me incentivou a continuar.

No final do ano, acabei colhendo o que plantei: fechei um contrato com a Cury Construtora, forma em relação à qual eu lutava há anos para ter uma oportunidade. Tudo começou quando uma colega que trabalhou na Construtora MRV me levou para desenvolver um trabalho equivalente, então pude fazer uma reunião extremamente efetiva, fechando com o Brasil inteiro

Dessa forma, após tantas tempestades, comecei de fato a brilhar na empresa.

No mês de junho, mudei de Iperó/SP para Osasco/SP e posso dizer que, para mim, missão dada é missão cumprida. Na mudança, fiquei com o coração apertado, pois a história da Alemanha mexeu muito comigo e a pessoa que causou tudo isso se arrependeu, veio me procurar para conversar e pediu desculpas pelo transtorno, mas Deus que abençoe a vida dela. Tudo é um processo de desenvolvimento intelectual.

Lembro-me de que um determinado líder me chamou em sua sala e falou que eu não tinha mais credibilidade na empresa e que deveria ser punido. O mais curioso é que pessoas só pensam em punir, mas se esquecem que seu telhado é de vidro. Por trás de um moralista existe sempre uma face oculta e camuflada. Lembre-se seu telhado pode ser de vidro e uma hora ele trinca... Cuide da sua vida.

Faz doze anos que acompanho a história de vida do Bruno Chagas, presenciei diversos acontecimentos que contribuíram para o seu crescimento pessoal e profissional, desde seu empenho como responsável pelo desenvolvimento de produtos até sua ascensão e destaque na área comercial. Possui uma dedicação fora do comum, o que, para mim, o classifica como "profissional de alta performance". Tem o DOM para vendas, independente de qual seja o produto em questão. De uma pedra a um avião. O Brunão vende! Em todas as esferas, ele se dedica por completo, tudo o que lhe é atribuído executa com persistência e, mesmo diante de cenários adversos, o resultado é sempre melhor que o esperado. Foi o primeiro engenheiro civil com quem tive contato e, na época, ele me instruiu sobre como eu deveria iniciar meus estudos no segmento da construção civil, desde o curso técnico até a graduação, inclusive participando como coorientador no meu trabalho de conclusão de curso. Trabalhamos juntos naWürth do Brasil. Sob sua supervisão e mentoria, adquiri experiênciasenriquecedoras que contribuíram para o meu desenvolvimento profissional e pessoal. Aliás, foi através desta oportunidade que aprendi dirigir (risos). É uma pessoa admirável, um bom cunhado, um excelente amigo e, acima de tudo, meu irmão em Cristo Jesus. Foi meu padrinho de casamento e esteve presente em diversos momentos especiais. Tenho grande apreço pelo ser humano que ele é. Para mim, empatia é sua maior qualidade. Admiro o trabalho social que desenvolve com entusiasmo e brilho.

Desejo que continue motivando pessoas com suas boas ações e com seus bons exemplos.

A você, minha gratidão. Obrigado!

DARLAN FAGUNDES PONTES, CUNHADO.

E assim conheci o Bruno Chagas, em maio de 2014, quando ele chegou para ajudar com a conta dele, no momento a MRV, ali nos conhecemos e começamos a dividir nossas experiências profissionais. Ele, com os seus conhecimentos grandiosos em relação às vendas, empresas grandes, negociações. Sabia falar com o cliente e manter o negócio vivo. Eu era do televendas, onde foi tudo novo e desafiador, mas, com a chegada dele, de seus clientes e novos conhecimentos, eu evolui muito, aprendi e ainda aprendo muitas coisas com ele. São nove anos juntos, dividindo experiências, correndo atrás, momento felizes e difíceis, mas sempre fechando com chave de ouro, pois cada um de nós agrega no que faltar ao outro.

Obrigada pela oportunidade, e cada vez mais sucesso em sua vida profissional e familiar.

LEDA LIMA
TELEVENDAS PORTAIS
WÜRTH DO BRASIL

FALE MUITO DE DEUS, POUCO DE VOCÊ, E NADA DOS OUTROS

AUTOR DESCONHECIDO

EU AMO PRESENTES CAROS, TIPO: CARATER, RESPEITO, LEALDADE, CONSIDERAÇÃO, HONESTIDADE, AMOR E POR FIM COMPANHERISMO, COISAS RARAS DE SE ENCONTRAR HOJE EM DIA.

AUTOR DESCONHECIDO

CAMPEÃO BRASILEIRO DE FATURAMENTO NACIONAL (SUPRADIVISIONAL)

Lembro-me de que, um dia, um irmão anunciou um trombonito para doação destinada a um irmão idoso que fazia parte da Orquestra CCB desde a década de 1940. O instrumento dele estava todo furado, vazando, só Deus na causa, mas em 2015 havia crise no Brasil, em função da Copa do Mundo, as coisas não estavam fáceis para ninguém. Durante a noite, uma voz bradou em meu coração e disse: "Meu filho, este instrumento você vai doar".

Tomei um susto, olhei para um lado, para o outro e comecei a andar na casa. Eu nunca havia escutado o peso da responsabilidade em atender a uma necessidade dessa magnitude. Pensei: vou ligar para o irmão e perguntar se começou a vaquinha para comprar o trombonito. Ele me respondeu que não tinha conseguido nada, pois as coisas estavam estranhas no país. Disse a ele que uma voz havia falado em meu coração, e que Deus tinha preparado o trombonito. Pedi que ficasse em paz.

Só ressaltando um detalhe: cadê o dinheiro ou o cartão de crédito para o instrumento? Fiquei assustado, mas em paz, pois um amigo e irmão disse que sentiu da parte de Deus em passar um cartão de crédito para minha pessoa, pois sabia do meu caráter e idoneidade. Ele me emprestou seu cartão e eu comprei em sete vezes. Oh, Glória! Fomos com os meninos para o interior e doamos o instrumento, escondido na hora da oração. O instrumento foi colocado ao lado do maestro. Nosso irmão, velhinho, foi presenteado na frente de toda a orquestra. Muita alegria.

Durante uma oração em minha casa, recebi alguns irmãos do interior e,para minha grata surpresa, houve uma oração forte. Deus tomou um servo seu e disse assim para mim: "Meu irmão, Bruno, você está lutando contra suas próprias forças na empresa onde você atua. Você teve uma decepção forte no ano passado, o corte da viagem da Alemanha. Teve gente que disse que o Bruno Chagas já era, pois seu líder vai sair esse ano. Mas, lá do céu, Deus vê o coração do homem nesta Terra. Seus amigos aqui acham que você construiu essa casa com dinheiro. De fato, é verdade, mas só Deus sabe das noites em que não dormiu, pois você comprometeu suas linhas de crédito. Em uma noite dessas, você estava acordado e não conseguia dormir, então lhe pedi um instrumento na minha obra. Você não tinha o dinheiro nem o cartão para pagar, mas eu movimentei um coração para você atender ao necessitado.

"Aquele que atende um pequeno do Senhor, os olhos de Deus estão voltados para você, meu irmão. Diz o Senhor que, no ano de 2016, crise para muita gente, muitos não irão vender e ter sucesso, mas você vai quebrar recordes!".

"Diz o Senhor, seu Deus! Uma faixa nessa casa acaba de dizer a seguinte mensagem: CAMPEÃO BRASILEIRO DE FATURAMENTO 2016, empresa com mil vendedores. Seu sonho virará realidade. Sabe por que Deus viu o seu coração? Pois, mesmo não tendo dinheiro, doou o que tinha como se fosse a oferta da viúva pobre da passagem bíblica. Você não doou o pior instrumento, mas o melhor".

Naquele ano, Deus abençoou-me para que eu fechasse vários contratos importantes, e sou extremamente grato aos meus clientes. Tenho muito carinho e respeito por eles, e me sinto como funcionário; afinal, sou um indireto deles. De certa forma, me empregam também.

Ao final de 2015, meu líder por dez anos, Edinei foi desligado da Würth, de sorte que se findou esse ciclo em minha vida sob sua gestão.

O novo ano começou sob uma nova gestão comercial. O Sr. Leandro Cardoso assumiu o setor de Grandes Contas na Construção Civil e sou extremamente grato, pois ele me ajudou no modelo de pagamento, junto com o Sr. João Cravina, que o aprovou.

Com o fechamento de contratos com grandes contas, comecei a notar muito negócios acontecendo de forma simultânea e tomei um susto, pois passei a fechar vários contratos de homologação em tempo recorde. Percebi que, durante os meses, meu resultado estava superando a primeira posição geral no quesito faturamento e, detalhe, de fevereiro a novembro, sempre em primeiro lugar em nível Brasil. Lembrei-me da pregação da palavra de Deus, que dizia que 2016 seria um ano de glória. E foi assim mesmo: terminei como Campeão Nacional de Faturamento 2016 de toda a Companhia Supradivisional.

Eu sempre batia na trave nos anos anteriores, performando entre os cinco maiores faturamentos, mas precisou eu passar por um corte na viagem com destino a Alemanha para enxergar a necessidade de fazer o bem, que comecei a praticar na sociedade, ou seja, promovendo inclusão social.

Acredito que a maior experiência que tive com tudo isso é o bem para o Universo. Você faz o bem e a porção volta para você aqui na Terra.

Realmente, eu tinha a meta de conquistar o título de campeão de faturamento. Nós éramos mil vendedores, entre homens e mulheres, muita gente de qualidade técnica elevada. O setor automotivo era gigante e o nosso, da

Construção Civil, tinha apenas trinta pessoas. Era inédito uma pessoa de um setor tão pequeno conquistar esse título.

Dois mil e dezesseis, para mim, foi um ano espetacular, um ano brilhante, confirmando a palavra de Deus. De fevereiro a novembro, fiquei em primeiro lugar em nível nacional, e obviamente estes números me consolidaram ao título de Campeão Nacional Brasil, título inédito no setor de Construção Civil. Ganhei o título de campeão de faturamento do Brasil em 2016. Toda honra e toda glória sejam dadas a Deus. Eu visualizava a vitória, então comecei a entender que, para conquistarmos as coisas na vida, precisamos nos doar. Precisamos ser menos egoístas e pensar no próximo, pois aquilo que Deus coloca em nossos corações nós temos que fazer de coração aberto. Se você quer mudanças na sua vida em qualquer esfera, primeiro você trabalha, se doa para alguém ou algum projeto social, depois entendemos os propósitos Dele.

Minha vida começava a ser um pouco mais fácil, me doei no projeto social musical, compartilhando o que sei. Comecei a ter um ano de sucesso com uma parceria bem consolidada com uma grande construtora.

MURAL DE CONQUISTAS

5X CAMPEÃO

EM FATURAMENTO NACIONAL

2016 | 2018 | 2022 | 2023 | 2024

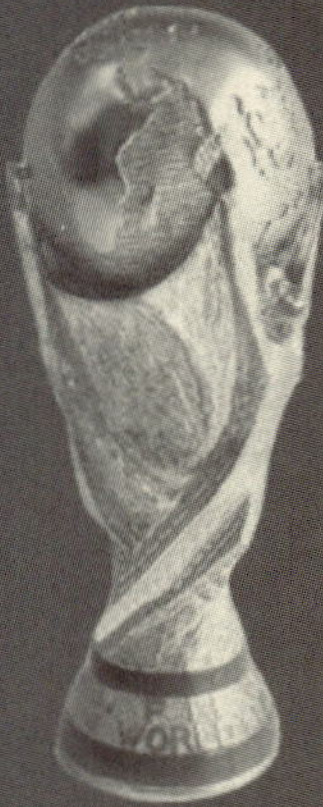

13X CAMPEÃO

DE VENDAS EM CONSTRUÇÃO CIVIL

2012 - 2024

WÜRTH

CO-AUTOR DO LIVRO

CONVERSAS COM WIDA | 50 ANOS DE HISTÓRIAS INCRÍVEIS - WURTH DO BRASIL

DO ABSOLUTO ZERO AOS

30 MILHÕES

DE FATURAMENTO

NUMA EMPRESA COM +1.500 VENDEDORES

13X CAMPEÃO DO SETOR DE CONSTRUÇÃO CIVIL 2012-2024

Ano	Valor
2011	R$ 293.669,98
2012	R$ 1.120.615,94
2013	R$ 680.994,30
2014	R$ 1.263.275,00
2015	R$ 1.462.398,00
2016	R$ 2.119.734,00
2017	R$ 1.657.549,00
2018	R$ 1.815.299,00
2019	R$ 1.915.304,00
2020	R$ 2.284.954,00
2021	R$ 2.592.888,00
2022	R$ 2.899.312,00
2023	R$ 3.328.019,00
2024	R$ 6.656.410,00

100% CRESCIMENTO SOBRE 2023 (2X MAIS!)

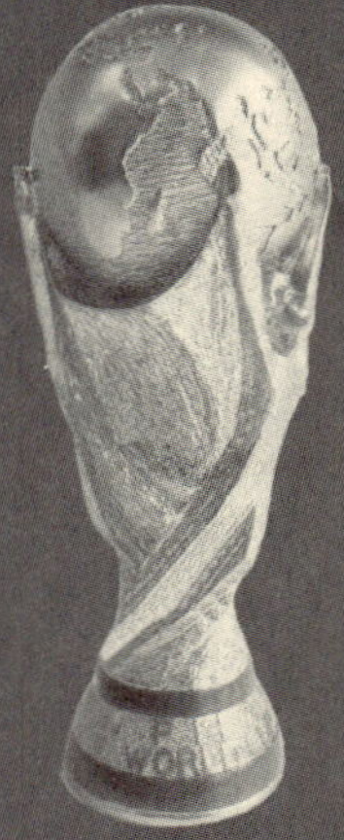

13X CAMPEÃO

BRUNO CHAGAS | CÓD. 3817

TOTAL: R$ 30.189.957,22

ENTRE +1.500 VENDEDORES DA EMPRESA

5X CAMPEÃO EM FATURAMENTO NACIONAL 2016 | 18 | 22 | 23 | 24

Ano	Faturamento
2011	R$ 293.669,98
2012	R$ 1.120.615,94
2013	R$ 680.994,30
2014	R$ 1.263.275,00
2015	R$ 1.462.398,00
2016	R$ 2.119.734,00
2017	R$ 1.657.549,00
2018	R$ 1.815.299,00
2019	R$ 1.915.304,00
2020	R$ 2.284.954,00
2021	R$ 2.592.888,00
2022	R$ 2.899.312,00
2023	R$ 3.328.019,00
2024	R$ 6.656.410,00

100% CRESCIMENTO SOBRE 2023 (2X MAIS!)

5X CAMPEÃO
NACIONAL

BRUNO CHAGAS | CÓD. 3817

TOTAL: R$ 30.189.957,22

ENTRE +1.500 VENDEDORES DA EMPRESA

“

IMBÁTIVEL É QUEM FAZ DE CADA
LUTA UM DEGRAU PRA FORTALEZAS
ALCANÇAR.
JAMILY

”

“

DEUS HOJE TE DIZ ASSIM:
“ESTÁ CHEGANDO O DIA EM QUE VOCÊ IRÁ
AGRADECER POR NÃO TER DESISTIDO”.

AUTOR DESCONHECIDO

”

RECORDE DE VENDAS
400K
EM APENAS 1 MÊS
JULHO DE 2023
WÜRTH

CAMPEÃO DE FATURAMENTO NACIONAL RECORDE R$ 400.000,00. (SUPRADIVISIONAL) JULHO/2023

No ano de 2022 atravessei um momento delicado da minha carreira, pois rompi o Tendão de Aquiles do pé esquerdo. Sempre me cuidei para não me machucar, afinal, dependo da venda ativa, ou seja, sou um caçador de oportunidades em busca do pedido perdido.

No final do mês de agosto de 2022 houve a ruptura do meu tendão e fui submetido à cirurgia com sucesso e eu agradeço a DEUS, pois foi neste momento que minha chave mudou. Nossa empresa trouxe de Santa Catarina o colega Peterson Gabrielli que assumiu a Regional 66 – São Paulo/CAPITAL. Sendo assim, informei a ele do ocorrido e tive seu total apoio como ser humano. Ele me fez a seguinte pergunta: "Bruno, você consegue produzir na sala da sua casa?"

Mesmo não visitando os clientes fisicamente mantive o canal de comunicação pelo WhatsApp e contato telefônico, o que foi um sucesso, pois no mês de outubro de 2022 os clientes compraram R$ 369.00,00 em mercadorias.

Eu poderia ter sido afastado pelo Gestor Regional em função da minha limitação em visitar os clientes de carro, mas na minha mente vi a oportunidade de melhorar o ponto de contato e trazer o negócio para dentro da empresa.

Veja bem, não existe limitação para um profissional de vendas, pois o sucesso está em sua mente. Das 100 empresas que atendo, apenas 2% delas ficaram sabendo do ocorrido, não usei isso como vitimismo, apenas melhorei meu poder de comunicação com o cliente.

Neste ano de 2023 tive a felicidade de vender R$ 400.000,00 no mês de julho. Agradeço a Deus por colocar o Peterson Gabrielli na minha vida, pois ele conduziu junto comigo as negociações e assim pude atingir esse feito inédito para o tipo de negócios que tocamos.

Nosso negócio não é commodity, tais como ouro, prata e gasolina ou até mesmo cimento e aço, que são valores acima de milhões mensais. Porém, vender miudezas para várias construtoras do país fortalece nossa marca no mercado e isso é um júbilo sem par.

Ser campeão de vendas em Julho/2023 com a marca de R$ 400.000,00 sobre a regência do Maestro Peterson Gabrielli foi honroso. Posso afirmar que foi um prêmio de Deus em nossas vidas. Eu sempre digo o seguinte: não é apenas gratidão, e sim, honrar quem me honrou na hora da tempestade. Esse valor é para a nossa regional e você merece, irmão, pelo enorme apoio neste momento delicado da minha carreira.

Durante anos ouvi várias vezes o nome de Bruno Chagas, um colega tido pela empresa como exemplo, um vendedor especial que trabalhando em uma das divisões (construção civil) mais difíceis do nosso negócio obtinha êxitos periódicos e consistentes.

Ainda que eu ouvisse conversas sobre ele e mesmo com tantos anos na corporação, nunca tinha tido a oportunidade de trabalhar com ele. Porém, no ano de 2022 nossos caminhos se cruzaram quando iniciamos um trabalho de cooperação mútua (liderado e líder), e foi quando juntamos conhecimento e muito trabalho.

Hoje, como profissional, posso dizer que o Bruno Chagas é um exemplo, pois ele usa da sua rede de contatos e conhecimentos para trazer negócios para a empresa e a prova disso são as superações constantes.

As dificuldades existem para nos tornarmos mais fortes e melhores, para sermos capazes de nos superarmos dia após dia e tenho plena convicção que em breve Bruno, eu e nossa empresa ("mãe" Wurth) iremos comemorar os R$ 500.000,00 em vendas. Quem sabe dentro de algum tempo o primeiro milhão? Um milhão em vendas concentradas em um único vendedor em um único mês de trabalho!

Já temos marcas histórias atreladas ao Bruno Chagas, mas não paramos de sonhar juntos e é isso que faz do colega um vendedor especial, carregado de sonhos, de desejos, de clientes e de muito conhecimento. Assim caminhamos para um futuro de mais e mais recordes e realizações.

Para findar, quero agradecer você, Bruno, pela caminhada conosco, te desejar muito sucesso e me colocar à disposição para tudo o que for preciso, já que JUNTOS SOMOS MAIS FORTES. Vamos buscar a cada dia nos superar, já que é isso que nos move: OS DESAFIOS.

Dias felizes para nós e para nossas famílias.

Grande abraço!

PETERSON GABRIELLI

GERENTE REGIONAL

WÜRTH

1972-2022

50

anos

CINQUENTA ANOS DE WÜRTH NO BRASIL, 1972-2022

Antes de começar a falar dessa tão renomada empresa, este livro é um presente pelos cinquenta anos da WÜRTH DO BRASIL. Minha eterna gratidão pelo cidadão em que me transformei por fazer parte dela. Trabalhar nessa maravilhosa companhia é ter a oportunidade de me inscrever em uma Escola de Vendas Mundial, pois ela está presente em oitenta países no mundo; são quatrocentas empresas que, durante muitos anos, formaram vários profissionais na área de vendas e que hoje são, inclusive, empresários, empreendedores individuais e executivos em outras empresas.

Eu, sinceramente, vejo que nossa companhia é uma espécie de atendimento de alma e coração, onde, de fato, somos noventa por cento de transpiração e dez por cento inspiração. Uma filosofia de vendas pela qual todos os pedidos são importantes, todos os fornecedores buscam a liderança de mercado, ou seja, eu quero trinta por cento dessa fatia. Soa como um bonito objetivo, porém, o que mais nos impulsiona é vender pouco para muitos clientes. Nossa marca está presente em vários setores da economia do país e nos torna úteis para o meio. Uma empresa que possui oito mil itens que atendem ao mercado automobilístico, como concessionárias, centros automotivos, oficinas mecânicas, indústrias e diversos prestadoras de serviços no geral, tais como: serralherias, empresas de rufos e calhas, marcenarias, marmorarias e obras prediais e indústrias de pré-moldados na construção civil. Nós levamos soluções para os profissionais em montagem.

Uma empresa que literalmente ensina técnica de vendas, e o principal saber é criar um relacionamento verdadeiro com o cliente, tendo a clareza de que "a venda só termina quando o cliente compra novamente". Eu notei o entusiasmo dos vendedores quando iniciei na Würth, cerca de vinte anos atrás, quando a maioria tinha sucesso pela emissão de emoções positivas. Eu achava lindo a empresa comentar sobre um vendedor chamado Nery (in memoriam) do setor automotivo, que vendia mais de três dígitos por mês, ou seja, na moeda atual, R$ 100.000,00, e a empresa reconhecia o seu talento e praticamente esticava um tapete vermelho para esse vendedor.

A primeira sensação que tive foi que a Würth tinha uma energia forte e fui extremamente bem recebido logo de cara, no primeiro dia. Recebi uma ligação do colega que me contratou, Sr. Evandro Cordova, que trabalhou comigo por dezoito meses. A ele, minha gratidão, pois foi a primeira pessoa que apostou no meu currículo, acreditou no meu talento, juntamente com o nosso ex-presidente, Sr. César Ferreira. Ambos fecharam minha contratação. Eu tenho muito orgulho de ser o primeiro funcionário contratado na área de Construção Civil da Würth até hoje.

Quando criança, eu sonhava jogar em um clube de futebol, então imaginei assim: estou em uma empresa multinacional alemã que, comparada ao mundo do futebol, era como se eu tivesse sido contratado para jogar no Bayern de Munique que, afinal, é um clube alemão conhecido em todo o mundo.

Lembro-me carinhosamente de que, no ano de 2010, o Professor Dr. Reinhold Würth realizou uma palestra sobre empreendedorismo na Würth do Brasil. Todos os funcionários tiveram a honra de ter a ajuda na tradução simultânea, pois ele realizou a fala em seu idioma, ou seja, em alemão. Fiquei encantado, pois a energia que saía daquele palco fazia-me imaginar minhas vendas acontecendo em um cenário maravilhoso. Eu não era ainda um vendedor, trabalhava em Produtos da Construção Civil, mas houve uma hora na palestra em que ele disse: “O Brasil é um país maravilhoso, pois a oportunidade que existe aqui é algo surreal. Imaginem o mercado como a palma de sua mão. Vocês não fazem cócegas com a pontinha do dedo mínimo, ou seja, muitos aqui querem mudar de país, mas não visualizam como esse país é divino, cheio de oportunidades. Desenhe em sua mente os próximos cinco anos e onde você quer estar. Se você aí se imaginou vendendo acima de três dígitos, saiba que é extremamente verdadeiro e você chegará ao ápice, pois foi tocado por uma energia positiva. Mentalize seu sucesso”.

Depois de cinco anos, atingi o título de campeão brasileiro de faturamento 2011-2016, em uma empresa com mil pessoas em todo o território nacional e, detalhe, nosso setor é o menor da Würth.

Aos meus líderes, Sr. Edinei Biancardi, que foi um anjo que Deus colocou em minha vida, pois nos dez anos em que trabalhamos juntos, aprendi muito com ele e, em momentos difíceis da minha vida, esse homem me esticou a sua mão. Ao colega André Ferraro, que também me ensinou bastante sobre o poder da comunicação. Ao colega Leandro Cardoso, que me eternizou com a seguinte dica: “Primeiramente, olhe-se no espelho que você vai longe”. Ele me ensinou uma coisa bacana também, que, em vendas, deve-se observar o canal sensorial da visão, pois os principais clientes, na medida do possível, conhecem nossas instalações.

Ao colega Joel Malmann, um homem extremamente educado, que foi meu líder por dois anos e com quem aprendi o equilíbrio emocional, mesmo em momentos difíceis. À colega Gisele Soares, que foi gerente do nosso setor interno da construção, minha gratidão por tudo que ajudou nas grandes contas. Ela, em apenas dois anos, resolveu coisas que muitos não conseguiram fazer em dez. Uma pena não estar mais conosco, então, onde estiver, desejo a ela muito sucesso em qualquer projeto. Aos meus irmãos em vendas que não estão mais comigo, que seguiram seus rumos na vida, como o colega Fábio Fernandes, extremamente lutador e trabalhador, um cara de caráter positivo, inegociável, você teve um papel enorme na minha vida, ensinando-me que, em vendas, mesmo em silêncio, eu dizia: "Quero correr como esse atleta de vendas faz em campo". Um exemplo de entrega, muita saudade de trabalhar com você, meu amigo. A toda a Divisão da Construção Civil, minha eterna gratidão, pois cada vendedor me ensinou a trabalhar.

Houve momentos em que eu quis sair da Würth, pois acreditava que meu ciclo ali havia se encerrado, mas todas as vezes em que eu buscava respostas na palavra de Deus, o pregador, guiado pelo Espírito Santo de Deus, dizia: "Meu filho, você entrará nessa empresa e fará história. Construirá família e viajará para outros países". Vejam, eu conquistei tudo isso e, em vinte anos, o sonho da casa própria e da casa de veraneio se concretizaram. Tenho orgulho de dizer: SOU VENDEDOR!

No ano de 2018, agradeci a Deus por ter tocado o coração da liderança da Würth, aos senhores João Cravina, Marco Avelino e Tadeu Rossetto, que, em função dos meus indicadores profissionais, me proporcionaram a oportunidade de viajar até a matriz na Alemanha. Conhecer a estrutura onde tudo começou foi emocionante assim como participar da festa da empresa com o Professor Dr. Reinhold Würth foi importante para agradecer pessoalmente a ele por tudo em minha carreira.

E aqui há o principal motivo que permite que as vendas ocorram, pois todos os departamentos internos da Würth são simplesmente maravilhosos. Desde a implantação do pedido e folow up, com as colegas Leda Lima e Adriana Oliveira, ao Departamento de Crédito, que possui um time extraordinário liderado por Edlaine Vidal. O Departamento de Contas a Receber, integrado por um time fantástico, com nossa Neusa Chaves, que também nos ensinou muito. Meu agradecimento ao Departamento de Logística, com o Sr. Eduardo Campos, que sempre foi prestativo e amoroso conosco. E, para finalizar, o time da Área de Transporte, liderado por Márcio Pedroso e nossa colega Cristiane Barros (essa menina muito trabalhadora que sempre se mostrou comprometida com o cliente).

Por isso, reafirmo que, juntos, somos mais fortes. Não se faz um time sem uma equipe trabalhadora e respeitável. Vocês, de certa forma, me impulsionam na carreira e, sem esse time, minha venda seria igual a zero!

Em memória, uma menção ao Sr. Anderson Paiva, que foi um menino que começou na Logística e terminou na área de TI. Sempre alegre, feliz e motivado. Lembro-me do trabalho que juntos realizamos sobre o Isotérmic. Que saudade, meu irmão, de você... Chego na Würth e, já no corredor, sinto falta do seu abraço.

Também, em memória, quero deixar aqui todo o meu coração para o colega Nilson Sergio, da Construção Civil, que faleceu em março de 2021, e a todos que passaram e foram atingidos pelos reveses da Covid-19 . Que Deus conforte o coração de todos e amenize essa dor. Tive a honra de dar o treinamento de produtos da Construção Civil e a Würth apostou em seu talento. Obrigado pelo seu talento em nossa Würth. Até hoje escuto seus áudios alegres e felizes e, sinceramente, sinto muita saudade.

DIPLOMAS E CERTIFICADOS

WÜRTH GROUP

DIPLOMA

BRUNO A. CHAGAS RAIMUNDO

distinguiu-se ao serviço do grupo Würth pela sua competência, dinamismo e grande dedicação à empresa.

Com especial reconhecimento e distinção é-lhe atribuída

A INSÍGNIA DE HONRA DA WÜRTH EM PRATA.

Esta distinção, decidida pelo respectivo comité conforme os estatutos, é a expressão do agradecimento pelo êxito do seu desempenho no grupo Würth.

A Direcção do grupo Würth
Künzelsau/Rorschach, Maio 2010

Juan Ramírez
Membro do Conselho de Direcção

César Alberto Ferreira
Gerente

BREAK YOUR
WÜRTH GR

WÜRTH GROUP

CERTIFICADO

O Grupo Würth felicita

BRUNO A. CHAGAS RAIMUNDO

pelo

10º ANIVERSÁRIO DE TRABALHO

Essa condecoração é a expressão da nossa gratitude e do reconhecimento da sua lealdade e do seu desempenho no interesse do Grupo Würth.

Que as suas ações continuem a ser um modelo a ser seguido pelos demais e que essa cooperação no espírito da confiança mútua siga a unir-nos no futuro.

Grupo Würth
Cotia, Dezembro 2015

João Cravina
Diretor Geral

Tadeu Rossetto
Diretor Financeiro

WÜRTH GROUP

WÜRTH GROUP

CERTIFICADO

O Grupo Würth felicita

BRUNO CHAGAS

pelo

15º ANIVERSÁRIO

(02.05.2005 – 02.05.2020)

Essa condecoração é a expressão da nossa gratitude e do reconhecimento da sua lealdade e do seu desempenho no interesse do Grupo Würth.

Que as suas ações continuem a ser um modelo a ser seguido pelos demais e que essa cooperação no espírito da confiança mútua siga a unir-nos no futuro.

Grupo Würth
Cotia, Dezembro de 2020

João Cravina
Diretor Geral

Marco Avelino
Diretor Comercial

WÜRTH GROUP growing

DEPARTAMENTOS E COLEGAS ESPECIAIS

Meu primeiro departamento na Würth do Brasil foi o de Produtos (desenvolvimento de produtos para a construção civil) no qual tive o privilégio de aprender muito. Desenvolver produtos é como se fosse literalmente o cérebro do marketing da empresa, pois vai direcionar o vendedor ao mercado, mostrando de fato os benefícios do produto.

Um time que marcou época na fase de produtos e ao qual sou extremamente grato foi o do colega Jovelino Boani (Divisão Metal), que foi o primeiro cara que me pegou pela mão para lançar o meu produto, ensinando-me até mesmo a negociar com as demais áreas de nossa empresa, juntamente com os outros colegas citados abaixo.

Ricardo Almeida, que colaborou muito comigo na elaboração dos treinamentos de vendas na época da Divisão Madeira, lançamento em parceria com a Construção Civil. Lembro-me de que ficávamos fazendo conta de qual valor nossos lançamentos impactariam diretamente nas vendas de toda a rede nacional.

A colega Elenice Britto, do Marketing da Construção, que me ajudou a elaborar os materiais para os primeiros lançamentos de produtos. Eu tinha até medo dela (risos), mas é uma pessoa magnífica para trabalhar.

O Sr. Walter Britto era o que sempre abria seu coração entre os 21 estagiários e está presente até o dia de hoje.

Sílvio Roberto, com sua experiência em achar sempre as fábricas no processo de desenvolvimento de novos produtos.

Meu amigo Reinaldo Martins, que trabalhou comigo diretamente durante muitos anos e se esforçou para o bom andamento dos pedidos das grandes contas quando tudo começou. Aliás, ele começou o atendimento das grandes contas ligado ao meu departamento.

A saudade bate forte, pois fizeram parte de minha história vários colegas talentosos, dos quais também não posso me esquecer, tais como: Ricardo Assis, Leonardo Vasco, Rafael Júnior, Everton Bezerra e Claudemir, dentre outros. A todos vocês, minha gratidão, pois cada um me ensinou muito. O processo de aprendizagem em produtos me deu autoconfiança para seguir com meu projeto de vendas.

Foi um dos melhores momentos na empresa no quesito "clima" para se trabalhar, e digo isso de todo esse grupo, que, com certeza, hoje está bem encaminhado na vida. Sentia o prazer de estar conectado com todos

RECURSOS HUMANOS

Tive a honra de treinar um quartel de vendedores(as) na época de produtos. Sinceramente, amei passar um pouco do meu conhecimento, pois até hoje encontro vendedores que são empresários e me agradecem. Pessoas que se desenvolveram e seguiram suas vidas. Sou um privilegiado por ficar sete anos seguidos no setor de treinamento, ao qual sou extremamente grato por ter também me ajudado na comunicação com os demais colegas.

SETOR DE PRICING (PREÇOS E FATURAMENTO)

O Sr. Fernando Kitahara era gestor da área e foi um professor de produtos. Ele atuou com maestria e me lembro de que todo lançamento de produto passava pelo seu comando. Recordo-me de que seguia exatamente os seus conselhos em questão de estoque e teste. Foi um cara muito verdadeiro e que me ajudou muito.

Uma frase que ele disse para um determinado colega e que me deixou "esperto": "Patinho novo não dá mergulho fundo".

O Sr. Marco Rangel, assessor direto da gerência foi outra pessoa que me ajudou muito em todos os processos e sempre foi muito prestativo.

Falar sobre o Bruno... Foi o dia em que conheci um rapaz tímido, ansioso, estagiário da construção civil. Cheio de dúvidas, de ideias e, com certeza, de medos. Afinal, o que estaria por vir em sua vida com mais esta mudança da empresa? E com ele, aprendi um bocado!

Sempre otimista, sem preguiça, proativo. Para ilustrar, um dia, precisávamos visitar um galpão em Uberlândia, se eu não estiver enganado. Divisão nova, poucos recursos, verba pequena. "Vou de ônibus", disse o estagiário. E foi e voltou num ônibus. Mais de quinze horas de viagem. Sem reclamação e uma volta com entusiasmo, pois tínhamos uma probabilidade de venda! Esta foi uma dentre outras gratas surpresas!

Como foi se transformando num profissional dedicado, ambicioso, voraz, seus lançamentos de produtos não davam errado! Formou-se e especializou-se em impermeabilização. Fez seu TCC baseado no seu dia a dia na empresa com um orgulho absurdo disso. E que resultado! E, assim, as grandes contas foram chegando; afinal, poucas empresas têm um talento desses nas obras.

Com esta dedicação técnica e visionária, os vendedores passaram a acreditar no projeto, que inicialmente era da companhia, mas que, aos poucos, virou nosso projeto.Essa sua energia positiva e proatividade de ir até os vendedores, obras e engenheiros fizeram com que conseguíssemos novas contas. O trabalho fluiu, cresceu e multiplicou-se. Assim o futuro foi se concretizando.

Como virou um homem... Tantas coisas acontecendo no trabalho, inclusive negando-se a assumir a divisão quando eu iria para outro desafio. "Você me ensinou a vender, agora quero ser o melhor vendedor!", exclamou o homem, Bruno Chagas.

Na vida pessoal, não seria diferente. Casou-se, teve dois filhos. Pai exemplar, trabalhador honesto. Ficamos tranquilos, pois tem uma família muito bem encaminhada, com toda a estrutura espiritual latente e no rumo correto!

Então, depois da surpresa inicial, o reconhecimento pelo aprendizado com um profissional de alto gabarito e com tranquilidade de ver um bom homem encaminhado, só me resta dizer: tenho um grande orgulho de tê-lo conhecido. Uma grande honra de ter trabalhado com você durante dez anos juntos, tanto como engenheiro como o melhor vendedor da companhia! Sou muito grato a Deus por ter um homem deste tamanho ainda como meu grande amigo!

EDINEI BIANCARDI
GERENTE NACIONAL DE VENDAS
CISER PARAFUSOS
***EX*-WÜRTH**

É um privilégio poder registrar nesta obra do amigo Bruno Chagas algumas palavras.

O mundo corporativo brindou-me em conhecer o Bruno. São mais de vinte anos em que acompanho sua trajetória, que hoje não se limita somente ao mundo corporativo, mas também em nossa vida cotidiana.

Bruno é família, pai, honesto, verdadeiro, humilde, trabalhador e referência para muitos que o cercam.

Parabéns pelo seu esforço, sua coragem e dedicação nesta obra. Tenho certeza de que todos os leitores aprenderão muito com você.

Obrigado pela oportunidade.

Muito sucesso!

WALTER BRITTO
SETOR DE PRODUTOS
WÜRTH DO BRASIL PEÇAS DE FIXAÇÃO LTDA

Falar do Bruno para mim é muito fácil. Bruno Chagas... Uma pessoa que eu consigo definir com três palavras: caráter, esforço e crente.

E quando digo crente, não digo no intuito de definir sua religião, pelo fato de ser evangélico. Você pode ter a sua crença em espiritismo ou em catolicismo, você inclusive ser "crente" de que nada existe. O Bruno é muito crente no que ele segue, você consegue visualizar nas suas atitudes que ele crê num propósito maior, acredita que o que faz tem um propósito maior e o faz com muito amor, e isso eu acho muito bonito.

Eu conheci o Bruno no trabalho. Eu entrei na Würth em dezembro de 2003 e, se não me engano, o Bruno entrou na Würth por volta de março de 2004. Desde o início, até mesmo por sermos da mesma igreja, criamos uma proximidade e o jeito dele desde o começo me encantava muito. Ele entrou para trabalhar na Würth a fim de começar algo novo, do zero. E acabei me identificando pois eu também sempre gostei de desafios e eu o vendo lá todos os dias, trabalhando num quarto minúsculo, uma salinha improvisada, pois ainda não havia a divisão em que ele trabalha atualmente, que é a Construção Civil, e ele trabalhava dentro da Divisão

Madeira desenvolvendo os itens da construção civil. E eu o via o dia todo correndo, testando itens, fazendo de um tudo sem reclamar... talvez nem ele mesmo imaginaria o quão sua trajetória seria bonita e marcante dentro da empresa.

Durante esse período, eu pude aprender muitas coisas com o Bruno e uma das principais é que o que você pode atingir depende do seu esforço. Eu lembro que, uma vez, ele brincou comigo que ele fez Engenharia na Uniban, que na época era uma faculdade não muito bem conceituada, e ele mostrou que o esforço e a dedicação preenchem lacunas. Que uma pessoa pode fazer Engenharia na USP ou em qualquer outra faculdade de renome e simplesmente ter um diploma e não ser um profissional de excelência, dado o baixo grau de comprometimento com o que faz. E ele provou isso na prática. Eu, que estive do lado dele e da Divisão Construção Civil desde o início, posso dizer com toda certeza de que muito do sucesso de hoje se deve ao trabalho árduo e solo do Bruno lá do início. Sua persistência e garra, que são características que o acompanham até hoje, propiciaram a abertura de várias portas e negociações.

No ambiente de trabalho, o Bruno sempre empenhou um papel de protagonista. Nosso time era muito bom e o Bruno, com suas brincadeiras e seus jargões, sempre deixava o ambiente de trabalho mais leve e engraçado.

Posso dizer que, profissionalmente, o Bruno teve uma virada de chave quando ele entrou para a área de vendas. Com certeza, ele se encontrou, e dali veio essa vontade de contagiar e cativar pessoas, o que possivelmente culminou nesse livro. Registro aqui, nesse depoimento, a profunda admiração que tenho pelo Bruno, um excelente pai e marido, um profissional sério e um amigo único, como tenho o prazer chamá-lo e tenho contado com ele nos ultimos quase vinte anos. Isso é mais que a metade da minha vida... rsss.

Toda a felicidade e sucesso do mundo para você, Bruno. E que

Deus continue abençoando você como tem feito até aqui.

Abraços do amigo,

EVERTON BEZERRA
EX WURTH DO BRASIL
CARGO: COORDENADOR DE PRICING

Mesmo chorando aqui, não tenho nem palavras para tudo o que você já me ensinou, falou... Nem dá para descrever o carinho que você teve comigo, a humildade... Meu Deus, cara! Não tenho nem o que falar, Bruno.

Deus colocou uma pessoa incrível na minha vida, que é você. Como você, não tem igual, cara... Você é raridade, em cinco dias, eu aprendi muito com você. Sua humildade, simplicidade, seu companheirismo... Você é um homem abençoado, um homem de Deus e sua família, a coisa mais linda, sua esposa, seus filhos... Formam uma família linda, protegida e abençoada por Deus, e falo para você que, onde você pisar com as plantas dos seus pés ou tocar sua mão, você é um leão. Deus está com você aonde for, tenha certeza disso. Você é um cara brilhante, obrigado pelos conselhos.

Só tenho a agradecer o que fez por mim em apenas cinco dias. Você foi um combustível que entrou na minha vida, um combustível de Deus, um homem de Deus. Gratidão, que Deus o abençoe muito, Ele tem muito para você. Como eu falei, está na Bíblia: "Nem olhos viram, nem ouvidos ouviram, nem jamais penetrou em coração humano o que Deus tem preparado para aqueles que o amam".

Amo você, cara. Aprendi a amar você assim. Você não tem noção, mais que a um irmão. Que Deus o abençoe muito e o proteja muito, pois você é brilhante, um ser humano de verdade é você, Bruno Chagas, e merece chegar ao topo mais alto, desejo-lhe mais sucesso. Faço este depoimento chorando. Obrigado.

Deus não une pessoas, Ele une propósitos. E, para falar de você, Bruno Chagas, eu começo dessa forma: vendo o agir de Deus na minha vida, colocando você no meu caminho como o melhor treinador em vendas, um exemplo a ser seguido como ser humano, guerreiro, humilde, prestativo, paciente, encorajador, sempre ajudando o próximo, vencendo todos os desafios. Vi em você uma pessoa de muita confiança. Nesses meses de convivência em treinamento, a sua experiência e vivência em vendas contribuiu para o meu desenvolvimento profissional aqui na Würth.

Você é um anjo enviado por Deus e, como sempre falo, você é um espelho para mim.

Amo você, meu irmão. Você é top! Sou seu fã.

ANDRÉ FERREIRA
VENDEDOR DA CONSTRUÇÃO CIVIL
WÜRTH DO BRASIL

Em agosto de 2008, cheguei para fazer parte de uma grande empresa chamada Würth. Era uma fase de transição na minha vida e de muitas expectativas para o futuro. Logo de chegada na empresa, tive o privilégio de conhecer um rapaz chamado Bruno Chagas. Seu papel, naquela época, era promover o desenvolvimento de novos produtos e treinar os novos funcionários que estavam chegando.

No primeiro contato, era perceptível sua simplicidade como pessoa e sua grande humildade de dividir seus conhecimentos. Logo de início, fiquei fã desse cara e já procurei me aproximar e absorver ao máximo os seus conhecimentos.

Eu, no campo em vendas; e ele, no desenvolvimento de produtos. Num determinado momento, nos tornamos admiradores um do trabalho do outro e, de repente, ele decidiu ir para o campo também. Sei que não foi uma decisão fácil, mas tinha certeza do seu sucesso.

Quando foi para vendas, muitos duvidaram de sua capacidade e adaptação, mas eles não sabiam ao certo quem era Bruno Chagas, coisas de empresa grande, mas eu sabia de sua capacidade.

De meu professor, passei a ajudá-lo em seu novo desafio, e era uma maneira de retribuir tudo o que me ensinara.

Bruno Chagas é, para mim, um exemplo de superação, de dedicação. Tenho orgulho em dizer que conheço esta pessoa e convivo com ele há mais de treze anos.

Melhor vendedor da Würth do Brasil. É ou não um orgulho?

Parabéns, meu amigo, você é um exemplo de pessoa, profissional, amigo. Um ser humano de uma simplicidade e um coração enormes. Que sua vida seja sempre repleta de muito amor e felicidade.

ALESSANDRE FASANELO
VENDEDOR
EX-WÜRTH, ATUAL CISER PARAFUSOS

Grande amigo Bruno.

Gostaria, primeiramente, de parabenizar você por mais esta realização na sua vida e dizer que você é um grande exemplo a se seguir, uma pessoa que foca em seus objetivos e que busca todos eles com honestidade e garra. Um grande homem temente a Deus e que sabe que, se não fosse por Ele, nada seria possível, pois, como diz em Romanos 11:36, "Pois Dele, por Ele e para Ele são todas as coisas (...)". Saiba que torço muito pelo seu sucesso!

Que Deus te abençoe sempre. Abraços,

LEONARDO GIMENES DE ALMEIDA
VENDEDOR
EX-WÜRTH, ATUAL CISER PARAFUSOS

Recebi o convite de falar a respeito do meu amigo Bruno Chagas e fiquei muito feliz! Bom, me lembro, como se fosse hoje, de quando o conheci na Würth... Aquele rapaz (menino), expressão séria, olhos atentos e um pouco tímido. Tive o prazer de trabalhar com ele por dez anos, presenciar o seu crescimento como profissional, ser humano e ver nascer nele o instinto de um grande vendedor.

Nossos caminhos tomaram rumos diferentes; entretanto, mantemos a amizade, o respeito e sempre trocamos experiências de vendas!

Parabéns pelo seu sucesso, meu amigo!

FÁBIO FERNANDES
VENDEDOR
STAFF DO BRASIL

BRUNO CHAGAS

CONFERÊNCIA NACIONAL DE VENDAS

WURTH DO BRASIL: ANO 2021

Würth do Brasil
Centro Cultural

A palavra convence, mas o exemplo arrasta.

É com imensa satisfação e enorme alegria que escrevo este depoimento e inicio com a frase acima, que muitas vezes é atribuída ao pensador chinês Confúcio, porque ela resume a impressão que tive assim que conheci o Bruno Chagas, nos idos de 2009, na ocasião em que fui contratado para ser vendedor da Würth do Brasil, empresa na qual, naquela época, ele exercia a função de desenvolvedor de produtos e, em paralelo a isso, ministrava treinamentos para novos vendedores.

Desde o primeiro contato, ele se demonstrou solícito, disposto a ajudar, ensinar e a dividir conhecimento com todo novo vendedor que estava iniciando a jornada na empresa. Anos depois, ele mudou de função e migrou para a área comercial, onde, desde o início, desempenha a função de forma brilhante, sendo referência no grupo Würth em nível continental, mas o ser humano continua o mesmo, pessoa íntegra, honesta e sempre pronto para ajudar os colegas de empresa ou amigos.

Bruno, para mim, é motivo de orgulho dizer que o tenho como amigo, acompanhar o seu sucesso e poder me inspirar em você para buscar atingir os meus objetivos.

FÁBIO ALVES
VENDEDOR
CISER PARAFUSOS

Era abril de 2011. Logo pela manhã, na primeira ligação que recebi no dia, ele se identificou do outro da linha como BRUNO CHAGAS – técnico de produtos da linha de construção civil – e me perguntou: "Você tem um minuto, podemos tomar um café, podemos conversar?" "Sim, claro", eu respondi.

E essa conversa era um convite para trabalhar ao seu lado, e assim tudo começou, e já se vão DEZ ANOS de muita amizade, companheirismo, enfim, só tenho a lhe agradecer pelo aprendizado e pelo conhecimento que obtive ao seu lado.

Desejo a você todo sucesso do mundo, que o seu livro seja o primeiro de vários que virão pela frente.

REINALDO MARTINS
ANALISTA DE BACKOFFICE
WÜRTH DO BRASIL

EU ACREDITEI NA DIVISÃO DE CONSTRUÇÃO CIVIL DA WÜRTH DO BRASIL

Falar dos meus clientes é a melhor coisa que existe, pois, sinceramente, eram eles que, no momento de mar revolto, com muita tempestade, faziam o papel de psicólogos sem saber. Afinal, o vendedor tem o seu momento de solidão na rua e, em algumas vezes, também não é compreendido. Você até pensa em buscar novos projetos em outra empresa, mas aí descobre a edificação que construiu ao longo dos anos na empresa atual, ou seja, sua relação verdadeira com as pessoas e um atendimento diferenciado que as tocou também.

Uma palavra que, na minha opinião, é muito forte é a automotivação: eu simplesmente busco energia dentro de mim mesmo, juntamente com meu lado espiritual para suportar todas as pressões externas.

Ouvir cada dica do cliente e sentir seu momento emocional de compra faz parte de um atendimento com alma e coração. Todos os dias, fatores externos vão tentar minar a sua força, tais como problemas no trabalho, família, projeto social, dentre outros. Agora, uma coisa é imbatível, sua energia de se entregar em campo, dia após dia, supera qualquer pessoa que emita emoções negativas sobre você. Eu tenho sempre em mente o amor em trabalhar com pessoas. Para um profissional de vendas que obtém ganhos elevados, não existe o pensamento "a empresa não me valoriza". Na verdade, seu nível de comprometimento no negócio é sentido pela direção da empresa de uma forma até mesmo oculta nas vendas. E, meu amigo, muitos vão passar anos sem compreender tal feito.

Um atendimento verdadeiro gera o prazer no cliente em indicar você cada vez mais, pois, de certa forma, os clientes sabem reconhecer a energia que você coloca no projeto deles. Todas as minhas conquistas se deram por um fator determinante: eu sempre visualizei minhas metas lá na frente, em curto, médio e longo prazo. Metas em curto prazo (um ano), por exemplo, dão ao indivíduo o prazer de valorizar aquela conquista.

Alguns só mentalizam um prazo médio, de cinco anos. Até lá, meu amigo, o cara vai perdendo a força. Foi assim que meus clientes participaram da minha vida, proporcionando-me a abertura da primeira venda e, posteriormente, avançando para um contrato e validação em todo o território nacional.

Permanecer dez anos vendendo um alto valor agregado por mês é um desafio maior. A venda só termina quando o cliente compra novamente.

Minha enorme gratidão a todo o plantel de clientes, pois eu sou um sobrevivente de uma Divisão de Construção, tendo em vista que todos os funcionários dessa área seguiram seus desafios em outros grupos empresariais. Eu sinceramente acreditei que o motivo que me fez continuar era levar a marca Würth em todo o território nacional e isso, meu amigo, foi o combustível que explodiu dentro de minha pessoa. De fato, entramos nas principais construtoras do país de uma forma profissional. O dinheiro que ganhei foi consequência de um trabalho entusiasmado.

Quando vejo no rosto das pessoas a tristeza por trabalhar na segunda-feira, percebo que não devemos trabalhar por obrigação, e sim por prazer em servir pessoas. Não importa sua profissão, as pessoas compram primeiro sua perso nalidade. Seu peso espiritual incomoda muitas pessoas, então, meu amigo, olhe para o espelho e pergunte se sua cara incomoda seu vizinho.

A arte de negociar com verdade em todo o processo permite que a principal causa da objeção seja interpretada de uma forma leve e agradável. Um mestre de vendas não se contamina em pressionar o cliente para comprar uma mercadoria, pois entende o fluxo do cliente de uma forma tranquila.

Deus lhe deu dois ouvidos e uma boca, o que sinceramente faz muito sentido, pois ouvir atentamente sua necessidade e seu fechamento, no geral, permite sucesso de ambos os lados. O cliente precisa explicar a você sobre o negócio dele.

Uma dica: não se contamine por vendedores que só falam mal do sistema ou da empresa. Entenda que o cliente vai sentir sua energia negativa em sua face e sua voz; portanto, liberte-se de qualquer influência negativa.

Seja luz no meio das trevas.

ANTES DE COMEÇAR OS AGRADECIMENTOS AOS PARCEIROS PROFISSIONAIS, DIGO, SEM SOMBRA DE DÚVIDAS, QUE NÃO SE FAZ UM TIME SEM JOGADORES, UMA ORQUESTRA SEM MÚSICOS, E NÃO SE OBTÉM UM TÍTULO DE CAMPEÃO DE VENDAS SEM CLIENTES ABENÇOADOS COMO OS QUE EU TENHO. AQUI COMEÇA UM GRUPO QUE MUDOU MINHA VIDA.

"GRATIDÃO AOS MEUS CLIENTES, POIS SEM VENDAS NÃO EXISTE HISTÓRIA!

BRUNO CHAGAS"

MRV ENGENHARIA

Sr. Rubens Menin,

Louvo e agradeço a Deus, pois Ele tem preparado clientes maravilhosos como o senhor, que, nós momentos de crise deste país, se mostrou extremamente sensível ao cenário da economia e entendeu que o trabalhador da construção civil faz a roda literalmente girar.

Minha trajetória de sucesso começou com meu primeiro cliente do Setor Grandes Contas por nome de MRV Engenharia. Uma empresa mineira, que abriu suas portas para meu atendimento, levando nossa marca, a Würth, para todo o território nacional. Tenha certeza de que muito me orgulho de saber que nossos produtos estão presente em suas obras. Gratidão, pois, por intermédio dessa renomada empresa de Engenharia, que realizou muitos sonhos, consegui entrar nas maiores construtoras desse país. E acredito ainda que o diferencial está ligado ao atendimento de alma e coração. Sempre procurei criar sintonia com o comprador e levantar as necessidades dele, entendendo qual sua objeção no negócio.

A MRV Engenharia empregou muitos colegas neste país, contribuindo para a geração de empregos da cadeia da construção civil e, consequentemente, vários funcionários levaram nossa marca para novas construtoras. Então, é o que eu sempre digo a todos os meus amigos: "Não vendo mercadorias para ninguém, pois, na minha simples opinião, clientes compram personalidade e ideias antes da mercadoria". Aos compradores que me levam para outros negócios e a eles, minha gratidão eterna.

Quando recebo uma ligação e a pessoa diz: "Poxa, Bruno, trabalhei com você em 2013, fui o responsável do estado do Rio de Janeiro e hoje estou em uma nova empreitada em São Paulo e agora sou diretor. Quero muito continuar com seu atendimento nas obras e nas centrais de suprimentos, pois eu sempre notei o amor que você tem em atender a nossa empresa, com a verdade e a transparência", isso me traz uma alegria imensa.

Veja, eu sempre procuro usar oitenta por cento da escuta ativa no cliente e vinte por cento para falar com ele, por meio de perguntas, ou seja, quanto mais procuro entendê-lo, mais ele gosta da minha pessoa. Preciso entender o cenário de sua economia; portanto, essa história de que vendedor fala muito, somente com os amigos em uma resenha.

Já se passaram doze anos de nossa parceria, então podemos dizer que a venda só acaba quando o cliente compra de novo. Mesmo com todo o cenário que vivemos de Copa do Mundo no Brasil, em 2014, pandemia em 2020 e 2021, sua empresa mostrou-se extremamente parceira da Würth e fico muito orgulhoso de ver a marca MRV Engenharia no esporte, como o patrocinador do Clube Atlético Mineiro.

Vou compartilhar um feito histórico de nossa companhia. Quando fechamos nosso primeiro contrato, no ano de 2011, a MRV chegou a ser o primeiro cliente de maior faturamento supradivisional (todas as divisões).

O Projeto Minha Casa Minha Vida mudou também a minha vida financeira.

MRV, minha vida é você.

CURY CONSTRUTORA

Agradeço a essa renomada empresa de Engenharia, que, desde janeiro de 2015, é uma parceria sólida da Würth em vários produtos. Registro aqui a minha gratidão por participar como fornecedor de produtos para os empreendimentos no Brasil. O sentimento que tenho é que sou funcionário da construtora, pois conhecer os lançamentos dos empreendimentos também faz parte, afinal, gosto de mentalizar as obras utilizando nossos produtos e, quando os vejo presentes nas Obras Urban Mooca e Urban Barra Funda, sinceramente fico extremamente motivado. É sinal de que nossa marca está em alguma parte daquela obra.

São sete anos de muita alegria, onde podemos entender, de fato, a necessidade do cliente. O que mais me marcou na nossa parceria foi que fiquei 4 anos tentando fornecer os produtos da Würth. Sempre testava os produtos, levava para áreas de aprovação, mas nunca fechávamos negócio. Porém, sempre desenhava na minha mente o tamanho do potencial da construtora e o quanto os queria como cliente. Recebi centenas de nãos, mas sempre com muito entusiasmo e alegria, eu levava os produtos para a obra com o intuito de apresentar o meu projeto de fornecimento. Trata-se de um cliente com muita representatividade no cenário nacional.

Escutei de muitos gestores que falavam: "deixem eles de lado, pois não vão dar retorno, você investe em quem não compra uma agulha com você". Veja, por mais que eu não fechasse um pedido, eu sabia que existia umas palavras mágicas chamadas Verdade na Venda. Todo cliente tem o MED (momento emocional do dia), portanto, eu sempre trazia ideias para a linha de produção da obra de uma forma leve e agradável. Cliente compra personalidade e ideia, antes da mercadoria.

Mesmo não vendendo, o comprador potencial me indicava para outros e, consequentemente, eu realizava muitas vendas que jamais faria sozinho. Eu continuei a testar meus produtos na Cury e a oportunidade passou na minha porta, já que eu havia atendido outra construtora que gostou muito do meu atendimento e que me ligou, dizendo: "Bruno, estou trabalhando aqui na Cury agora e seus produtos foram homologados em nossa construtora há cerca de quatro anos e quero muito que você faça o mesmo serviço que fazia quando eu era responsável na outra construtora em SP".

Um vendedor de alta performance se alegra com o "não", pois sabemos que o ideal é atender bem, mostrando equilíbrio emocional e poder de concentração. Saiba que, no tempo de Deus, as coisas vão começar a acontecer.

Iniciamos nossa parceria com a Würth através do empenho do Bruno no ano de 2015, construindo passo a passo um relacionamento sólido e de confiança.

Considero que um bom vendedor, além de apresentar bons produtos e serviços, vende ideias, soluções, e o Bruno sempre esteve presente em nossas obras. Tivemos, nesse período, várias oscilações de mercado, incertezas, mas pude contar com sua disponibilidade em analisar as possibilidades de negociação de modo a obtermos resultados positivos para ambos os lados.

Nesse período em que nos conhecemos, pude observar o desenvolvimento de seu reconhecimento na empresa e, em algumas conversas, vejo o quanto é entusiasmado pelo que faz, seja em sua vida profissional, seja pessoal.

Como diria Paulo Coelho: "Quem deseja ver o arco-íris, precisa aprender a gostar da chuva".

JULIANA CARMO
COMPRADORA

CURY CONSTRUTOR

TENDA NEGÓCIOS IMOBILIÁRIOS

Sr. Edenilton e time completo:

Essa renomada empresa de Engenharia foi um exemplo dos três pilares que alimentam um vendedor vitorioso. Na época da Copa do Mundo de 2014, foram realizados os testes e homologados alguns produtos, mas eu não vendia uma agulha para vocês. Porém, eu sempre acreditei e visualizei a Tenda como um dos TOP FIVE e, no ano de 2018, fechei o primeiro contrato. Não podemos nos deixar levar pela opinião dos outros no quesito "agressividade", pois, vejam bem, o mercado é bastante disputado. Só permanecem os vendedores que procuram usar a verdade nas operações comerciais. Passei quatro anos amassando barro, mas sempre vendia para os empreiteiros e outras construtoras pelo processo da indicação dos compradores.

Se o cliente que não o indica, significa que você não criou uma sintonia

e uma conexão para futuros negócios. Uma visita bem realizada e bem comunicada pode gerar até dez negócios novos simultaneamente. Deixe seu perfume no cliente e ele vai procurá-lo em qualquer momento na vida. O entusiasmo na apresentação dos produtos gera o motivo de necessidade na mente do comprador em potencial. Muito obrigado por cinco anos de intensa parceria.

Meu querido, estou muito satisfeito com essa grande parceria: Würth x Tenda. Uma empresa que cresce cada dia mais, sempre inovando... Precisamos de fornecedores que nos atendam e nos entendam!

Somos umas das maiores construtoras em nível Brasil e precisamos de quase todos os materiais para ontem, e aí é que você entra, Bruno: um parceiro que faz o possível e o impossível para ajudar, sempre correndo para nos atender no prazo certo. Quando temos um problema sério, você mesmo traz a mercadoria no seu carro, ajudando e muito para que possamos entregar a tão sonhada casa própria dos nossos clientes. Vejo isso como uma grande amizade e parceria entre nós.

Muito obrigado por estar sempre nos ajudando a realizar os sonhos dos nossos clientes! Um abraço e tudo de bom!

EDENILTON FERREIRA
COMPRADOR/LOGÍSTICA
TENDA CONSTRUTORA

VIASUL ENGENHARIA

Foi plantado na mente de um colega, há cerca de dez anos, um trabalho que realizei com ele na MRV Engenharia e ele ligou para Würth e quis meu atendimento.

Sinceramente, me senti honrado. A colega Adriana Oliveira identificou o Bruno que o cliente estava procurando e eu o atendi com todo meu entusiasmo e minha energia.

Vocês já fazem parte de um grupo seleto de clientes de alta performance. Minha gratidão por participar das suas obras em todo o país.

Bruno, nosso parceiro, segue nosso posicionamento das empresas do Grupo ViaSul sobre o seu atendimento: este é o atendimento que esperamos de todas as empresas que são nossos parceiros comerciais, porém, são bem poucas as empresas que estão dispostas a colocar isso em prática.

Atendimento pós-venda e atendimento próximo ao cliente.

A maioria dos vendedores que nos atende é apenas tiradora de pedidos, poucos conhecem a fundo os produtos que vendem.

Temos este produto que você levou à nossa obra para fazermos a validação do custo-benefício. Temos a certeza de que trabalhamos com uma empresa pioneira no seu segmento, que é a Würth, com um excelente profissional nos atendendo na linha de frente.

Estamos muito gratos por seu atendimento. Em nome de todo o Grupo ViaSul, gostaria de agradecer o empenho e a dedicação que nos foram ofertados.

ELSON GONÇALVES GONZAGA
GERENTE DE SUPRIMENTOS
VIASUL

premodisa
construção pré-fabricada

PREMODISA

Nesta empresa, sempre agradeço o carinho e o atendimento que tive a honra e a chance de mostrar. Fui atendido pelo colega Sr. Ricardo Santana, que me recebeu depois de quatro anos que eu os visitava. Ele também me indicou para várias obras.

Aprendi um bocado com esse colega, pois sempre me cobrou profissionalmente e me deu a oportunidade de levar vários executivos para entender o case de sucesso que houve na empresa. Nunca consegui vender durante quatro anos consecutivos, quando existia outra gestão, mas não desisti e sempre levava amostras e ideias para a obra, procurando um campo magnético. No tempo certo dado por Deus, encontrei o Sr. Ricardo, que me deu a oportunidade de efetivar nossa parceria, a qual permanece até hoje. E já se passaram oito anos...

Nunca perdi a esperança nem a fé, pois, aos clientes desse tamanho, são necessárias força e persistência. Afinal, todos no Brasil querem vender para eles.

Aqui vai todo o meu agradecimento de alma e coração para todos os meus clientes de um modo geral – sem vocês, a roda não gira. Saibam que eu, como vendedor, sempre me inspirei na garra dos clientes. Sinceramente, vocês são minha fonte de luta e inspiração. Digo que a rua me impulsiona, pois ver os trabalhadores com alegria, no dia a dia nas obras, me permite visualizar a Glória Eterna. Amo pessoas e trabalhar com elas é muito gratificante, e poder ser útil na vida de outras, melhor ainda.

É com grande orgulho que venho contar um pouco da trajetória deste grande guerreiro, Bruno Chagas, da Würth. Bom, vamos lá: a Premodisa Construções Pré-Fabricadas nasceu há 29 anos pelas mãos do meu pai, que a administra até hoje. Eu administrava outra empresa do grupo até o ano 2015, quando fizemos algumas mudanças e meu pai pediu que eu fosse para Sorocaba ajudá-lo.

Cheguei à empresa e rapidamente assumi diversos setores, um deles foi o setor de compras, pelo qual sou responsável até o dia de hoje. Certo dia, apareceu um vendedor da Würth sem marcar visita e pediu para falar com responsável. Eu estava naquele momento de passagem no escritório e resolvi atendê-lo. Ele se apresentou como Bruno da Würth e imediatamente foi contando um pouco sobre a empresa e disse para mim que há quatro ou cinco anos ele visitava nossa fábrica, deixava diversos itens para teste e nunca teve sequer um retorno.

Lembro-me de que, nessa conversa, imediatamente disse ao Bruno que ele era guerreiro e que estava certo em jamais desistir de seus objetivos.

Pedi desculpas pelos departamentos não darem a atenção merecida a ele e já apontei alguns itens que poderiam ser deixados para teste.

Ele prontamente agradeceu a oportunidade, foi até o carro buscar os itens, que testamos, sendo que alguns foram imediatamente aprovados. Daí em diante, iniciamos as compras de diversos itens da Würth. Inúmeras vezes, ele trouxe colegas para conhecer nossa empresa e contar a história dele de perseverança e de como ele tratava nossa empresa com dedicação, e até os dias de hoje ele agradece a abertura e o apoio que eu concedi a ele. Claro que, durante este percurso, tivemos alguns dissabores na questão de novos testes que não deram certo, diretores que não cumpriram com o combinado, dentre outras, mas o Bruno sempre foi prestativo e presente em todas as nossas solicitações.

A mensagem que posso deixar registrada é a seguinte: em qualquer adversidade, em qualquer obstáculo, nunca desista, pois todos são capazes de vencer, basta persistir, ter caráter, honestidade e trabalhar duro. E o mais importante, ser um servo de Deus. Eu e minha família somos irmãos em Cristo do grande guerreiro Bruno.

Fica mais uma reflexão: Se um ovo se romper por uma força exterior, a vida termina, mas, se ele se romper por uma força interior, a vida começa. Ou seja, mudanças, perseveranças e vontade de vencer só dependem de cada um de nós. Bruno, continue sendo essa pessoa guerreira, cheia de vontade e objetivos, nunca desista, siga firme na fé e Deus abrirá milhares de portas.

Obrigado por acreditar na nossa empresa e ter a certeza de que seu investimento valeu a pena.

RICARDO SANTANA
DIRETOR-GERAL
PREMODISA PRÉ-MOLDADOS

"Você é o protagonista da própria vida".

Talvez esta seja uma das frases que mais se encaixam na trajetória do Bruno. Ele, que sempre arregaçou as mangas para superar as dificuldades que estavam em seu caminho; que entregou mais do que esperavam dele; que praticou o bem ajudando ao próximo; que não passou por cima dos seus valores; que, ao invés de focar no problema, focou na solução; que teve inúmeras dificuldades, mas não se deixou abater.

Quando estamos com o Bruno, sempre temos a oportunidade de estar aprendendo e, quando aprendemos com quem realmente construiu a própria história de vida e superação, temos a oportunidade de modelar os seus erros e acertos.

Este livro é a oportunidade de estar com o Bruno. É uma obra que irá ajudar muitas pessoas. São anos de experiências escritos nessas páginas. É a história de um campeão, que começou do zero e atingiu o auge na área de vendas.

EDIMAR CASTILHO
JEOTEC ENGENHARIA

Sinto-me honrado em poder falar de uma pessoa como o Bruno.

É nítido como Deus o escolheu e o fez uma pessoa diferenciada, com inúmeras virtudes, porém, faço questão de destacar a que mais me chama a atenção, que é o dom de servir ao próximo, virtude que faz dele uma pessoa acima da média.

Sua história é uma grande inspiração para todos nós, e eu, como executivo de vendas, ao longo de toda a minha trajetória profissional, vi poucos profissionais com tanta garra, determinação, força de vontade e foco. Esse conjunto de qualidades o faz ser destaque por onde ele passa. Pessoas como o Bruno jamais aceitam o "não" como resposta, sempre buscam alternativas (lícitas) para alcançar seus objetivos, visando não só ao quantitativo, mas principalmente ao qualitativo, o que o faz um profissional diferenciado.

Que Deus continue o abençoando, guiando seus passos e iluminando seus caminhos.

DJALMA LEME
GERENTE NACIONAL DE VENDAS
BIMBO DO BRASIL

Bruno, agradeço muito a parceria ao longo desses anos em que trabalhamos, desenvolvendo produtos que nos trouxeram bons resultados. Parceria que se construiu com o seu bom atendimento e conhecimento dos produtos que vende. Aliás, o atendimento, o cumprimento de entregas e a atenção dada em nossas demandas são diferenciais que fazem ver a Würth como um parceiro confiável.

Considerando nossa localização, a nossa forma de trabalho just in time

e, muitas vezes, solicitações atrasadas por parte da obra, tenho confiança em que a Würth, representada por você, Bruno Chagas, irá nos atender da melhor forma possível para que possamos suprir a demanda o mais rápido possível e com o melhor custo-benefício.

JUCINEY ARAÚJO
COMPRADOR
CONSTRUTORA CAPITAL

Brunão, vendedor técnico da Würth, sempre atencioso e muito persistente. Qualidade no atendimento comercial e técnico, profissional completo! Desenvolve diversos produtos conforme nossa necessidade.

Parabéns e sucesso!

HECTOR
COMPRADOR
PREFAB PRÉ-MOLDADOS

Sou o responsável pelo setor de suprimentos de uma indústria de prémoldados no interior de São Paulo. Sempre acompanhei as visitas do Bruno à empresa, oferecendo soluções através dos produtos que representava. Fornecia para nós alguns produtos da linha química e ferramentas de desbaste e corte.

Por anos, tentava oferecer um produto específico, e nunca havia conseguido êxito nas suas tentativas, tratava-se de um selante perimetral, conhecido como PU, e sempre esbarrava em alguns impeditivos em relação às dúvidas sobre a qualidade do produto e a facilidade de sua aplicação.

Em agosto de 2019, assumi o setor de suprimentos na empresa e, como acompanhei durante anos todas as várias tentativas de fornecimento do material por parte do Bruno, defini como uma prioridade realizarmos um teste prático com o produto oferecido por ele. Fizemos um trabalho conjunto entre o Departamento Comercial da Würth e o de Engenharia da empresa em que estou hoje. Trabalho que foi a aplicação "bonificada" do selante na totalidade de uma das obras da empresa que trabalho a fim de validarmos o material da Würth.

O resultado foi surpreendente! O produto atendeu a todas as nossas expectativas e passamos a utilizar o material em todas as obras a partir desse teste. Esse case é um exemplo de que nunca devemos desistir de um objetivo quando acreditamos em um ideal. A persistência do consultor e a confiança em seu produto foram determinantes para que ele não desistisse de nos oferecer e fornecer mais um produto para a nossa empresa, que hoje está muito satisfeita com o resultado obtido.

Obrigado.

EDUARDO LUZ
COMPRADOR
CALIDAD PRÉ-MOLDADOS

PARCEIROS ESPECIAIS

CONSTRUTORAS PREDIAIS

- Capital ROSSI
- CURY – A CONSTRUTORA DA SUA CASA
- dpbarros – arquitetura e construção
- DIRECIONAL
- EMCCAMP Residencial
- LATERZA
- JTECO
- MRV
- TENDA
- VIASUL ENGENHARIA

INDÚSTRIAS DE PRÉ-MOLDADOS

- AMAC – CONSTRUÇÃO PRÉ-FABRICADA LTDA.
- calidad pré-moldados
- CF – CANTINHO DO FERRO
- DIB – DIBLOCO
- PREFAB
- premodisa – construção pré-fabricada
- CONSTRUÇÃO PRÉ-FABRICADA protendit FUNDAÇÕES

A CONQUISTA PARA A VIAGEM DA ALEMANHA

Comecei 2017 sendo chamado para uma reunião com o propósito de ser apresentado ao novo diretor comercial, Sr. Marco Avelino. Tenho um respeito muito grande por ele ao ter valorizado minha conquista. Ele me chamou à sua sala e me parabenizou pelos resultados, disse que vinha acompanhando meus números e que queria entender o modo por meio do qual eu abordava meus clientes. E realmente ele fez isso, foi a campo comigo e tivemos uma conversa bem produtiva. Para mim, foi muito importante. Houve dias em que liguei para minha esposa muito triste com o intuito de dizer que o clima era estranho na Würth, um clima frio, gelado, as pessoas não se importavam com ninguém, não respondiam aos e-mails e por aí vai. Apesar do sucesso, havia certa hostilidade. Eu me lembro de que pedi a Deus que colocasse um diretor de fora que, pelo menos, tivesse sensibilidade com o próximo. Então, Marco foi um anjo que entrou em minha vida. Foi uma pessoa que apostou no meu trabalho e me disse a seguinte frase: "Quando o copo encher, chame um amigo e esvazie". É uma pessoa por quem tenho muito respeito.

Sinceramente, com a entrada do colega Marco Avelino, tive mais paz para exercer meu trabalho, pois ele de fato se interessou pelo atendimento às grandes construtoras do Brasil.

Fui convocado para uma reunião em nossa empresa e eu tinha que comparecer para tratar com os senhores Marco Avelino e Tadeu Rossetto. Imaginei que, de repente, meu ciclo estivesse se encerrando na Würth. Isso, para mim, era uma situação normal no mundo corporativo. Então, cheguei lá e brinquei com os líderes, mas estava inquieto. Eles perguntaram o que eu havia conquistado na companhia e me lembrei de toda minha trajetória lá, até mesmo de ter perdido um ano de faculdade para acompanhar vendedores da Divisão Madeira ao estado do Rio de Janeiro. Que havia constituído família, realizado o sonho da casa própria e, também, uma casinha de veraneio com piscina. Mas, em dado momento, eles perguntaram qual o sonho que eu não tinha concretizado ainda. Eu levantei meus olhos e disse que era a tão sonhada viagem para a Alemanha, que virou um filme de cinema em 2014.

O colega Marco Avelino virou-se para minha pessoa e, juntamente com o Sr. Tadeu Rossetto, disse para eu preparar a mala, porque, com a minha performance em vendas, sendo primeiro lugar em 2016 e segundo lugar em 2017, o presente era todo meu. Tentei segurar, mas não deu... Chorei muito pela conquista, só Deus sabe o que se passou na minha cabeça naquele momento. Essa conquista faz parte de anos de dedicação e me senti agraciado por Deus e pela empresa.

Com a notícia da viagem, corri muito em campo e atraí um cliente que havia homologado produtos em 2014 e nunca tinha comprado de nossa companhia, a empresa Tenda Negócios Imobiliários, que fechou um negócio gigante com as obras de São Paulo. Foi um sucesso pelo qual sou extremamente grato a Deus e a este cliente, que me proporcionou resultados extraordinários. Lembro-me de que, naquele ano, recebi uma ligação da colega Leda Lima, dizendo que um cliente precisava muito falar com Bruno Chagas. Ele era de Santa Catarina, da empresa Embraed, e havia assumido uma missão de obras nesta construtora. Quando liguei de volta, era um amigo que havia trabalhado em uma grande construtora em São Paulo, chamada Rossi Residencial e, de fato, me levou para vários empreendimentos no Brasil. Ele pediu várias amostras de testes e eu viajei de carro para aquele estado, onde realizei os testes na fachada da construtora e fechamos uma parceria bacana em pleno o ano da viagem à Alemanha.

A oportunidade chega para todo mundo, mas não gira a maçaneta sozinha. Você precisa se empenhar, dia após dia, para se manter. A venda acontece em algum momento, mas, para ser sempre o número um para o seu cliente naquela família de produtos é necessário suor e dedicação.

Quando chegou a viagem para a Alemanha, foi um marco na minha vida financeiramente, pois eu estava mais preparado para tirar proveito da viagem. Aproveitei e fiz algumas reservas dos dias em que iria ficar na Europa com a equipe que recebeu esse presente.

Chegamos lá com direito a todo o conforto de jantares e estadia. A festa da Empresa Würth contou com várias delegações do mundo e foi algo inesquecível. Conhecer o museu do Sr. Reinhold Würth e saber que ele também possui um violino Stradivarius foi show, o amor que ele tem pela cultura é sensacional.

Os dias foram bem intensos, até mesmo na preparação da festa, pois cada país tinha que se vestir tipicamente. As meninas escolheram o caipira, tipo festa junina, e conheci novos amigos, inclusive o Zaykson Pará, que é meu irmão de igreja.

Quando terminou a estadia na Alemanha, esticamos alguns dias na Suíça. As meninas, Dete, Edlaine e Lais Daglio, alugaram um carro para viajar pelo interior do país. Foi muito engraçado. Fomos comer um fondue (que minha avó faz melhor) e foi uma nota de caro. Deixaram-me no hotel em Zurique, melhor, onde fiz a reserva, e foram ficar no hotel delas.

De manhã, eu precisava me dirigir até as meninas. Tinham ficado com remorso, pois meu inglês não era fluente. Vendedor se vira em qualquer lugar e andei de metrô numa boa. A questão era uma taxa que eu deveria pagar e não sabia, até que uma menina comentou: "Se eles o pegarem sem pagar essa taxa, vai tomar uma multa de quase cem francos suíços". Cheguei ao ponto combinado e fui tirar várias fotos. Estava sossegado e as meninas permaneciam preocupadas, pois achavam que eu tinha sido raptado no país. Quando a Edlaine e a Dete me viram, senti-me um ator de Hollywood. Expliquei a elas que vendedor anda pelo mundo.

Agora, um fato curioso aconteceu em Füssen, na Alemanha. Havia um passeio para conhecer um castelo. Essa cidade dava vontade na gente de morar a vida toda nela, tamanha a paz que havia lá, uma organização incrível e um clima maravilhoso. Consegui um hotel indicado por uma agência no Brasil e fiquei muito bem hospedado. As meninas foram via Waze tentar achar o tal do hotel delas. A vista do meu hotel era incrível. Dormi e, quando acordei no dia seguinte, vi as montanhas rochosas cobertas por gelo, coisa de filme! Era tudo sensacional, então fui dar uma volta no lago em frente ao hotel. Que lugar paradisíaco! Queria minha esposa comigo, ali.

Conhecemos o Estádio Olímpico de Munique, uma experiência bacana pela

história dos Jogos Olímpicos de 1972. Esse estádio teve três decisões da Liga dos Campeões.

Consegui fechar o ano de 2018 sendo campeão de faturamento nacional.

“VOCÊ É ÚTIL PARA A SOCIEDADE ONDE VIVE?
QUAL É O SEU PROPÓSITO NA TERRA?”

MEU PROPÓSITO DE VIDA

A vida não é escrita somente de vitórias e alegrias, mas todo obstáculo enfrentado com valentia nos coloca um passo à frente das demais pessoas.

Vejamos o medo. Até mesmo na Bíblia, ele é citado por diversas vezes. Agora ter a coragem para enfrentar as adversidades sem temer seria um mundo ideal, com entusiasmo e energia, precisamos contagiar o próximo.

É normal as pessoas dizerem que fulano venceu porque teve sorte ou foi indicado por alguém, porém reconhecer as lutas e as duras batalhas da pessoa, ninguém o faz.

Eu observo isso nas igrejas: poucas pessoas têm vontade de fato de entrar na chuva para se molhar e ainda dizem que os irmãos não têm amor.

Lembrem-se: para quem reclama e lamenta, o deserto aumenta. Portanto, parem de murmurar, isso não vai resolver o problema. Reclamar vicia e desagrada Deus. Confie Nele, vocês podem estar em uma situação difícil hoje, mas, em breve, se continuarem lutando, vão receber um grande testemunho. As pessoas querem que DEUS envie uma palavra de conforto e promessas de prosperidade, porém a pergunta que não quer calar é a seguinte: qual o seu comprometimento para com o ser humano, o que você entrega para o Universo Divino?

Acredito que meu propósito foi visualizado quando atravessei uma decepção profissional em minha carreira. Fui cortado da viagem à Alemanha no ano de 2014 de uma forma fria e calculista. A primeira ação foi colocar a culpa no sistema da empresa ou nas pessoas, mas, vejam bem, nasceu uma oportunidade de mudar minha mentalidade. Eu poderia ter me demitido naquele momento, porém, como dizem, há males quem vêm para o bem...

Eu sempre tive o desejo de fazer algo para as pessoas, de contribuir com o meu pouco conhecimento para a nossa sociedade. Engraçado que eu sempre dizia para minha esposa que eu precisava ajudar pessoas em algum projeto social, ensinando música ou outra coisa que gosto de fazer. Minha cabeça estava a todo vapor quando um rapaz da igreja, cujo nome era Matheus Campos, me procurou, dizendo que seu sonho era tocar na orquestra de nossa comunidade Jardim Conceição, em Osasco. Eu não tinha tempo, mas na hora senti em meu coração: olha a minha chance em fazer o bem para alguém. Mesmo cheio de problemas, com reforma para pagar, viagem da Alemanha interrompida, lá estava eu, buscando fazer o bem.

Matheus relatou que, durante vários anos, tentou aprender, mas não entravam em sua cabeça as partituras. Mesmo tendo vários professores, não evoluiu. Ainda me disse que havia sido o Renato Afonso que havia me indicado. O Renato a quem, quando era criança, eu dava aulas.

Ocupei a minha mente visando ajudar o Matheus Campos e notei muita dificuldade de sua parte em aprender o que era proposto, mas Deus, lá do céu, foi dando luz para treinar escalas e outros materiais para o desenvolvimento intelectual do garoto. Comecei a notar uma boa evolução dele e, depois de sete meses, vi condições para ele fazer um teste com nosso maestro da orquestra, o irmão João Batista, e talvez até ingressar nela. Ele fez o teste e Deus lhe deu essa vitória.

Quando vi sua mãe levantar-se, pegar o microfone da igreja e relatar a trajetória do filho, percebi ali que meu propósito era ajudar os meninos. Ser útil não tem preço na vida daquele que serve a Deus.

Nosso maestro precisava de instrutores (professores de música) para ajudar no ensino de violino em nossa igreja. Tinha tantos alunos que convidei meus irmãos e amigos, Renato Afonso e Hallan Jones, para trabalharem no ensino coletivo de todos com a proposta de integrar e socializar nossos meninos. Demos início a esse trabalho de cordas em nossa igreja, todos por um, unidos em um único objetivo, e Deus começou a prosperar com amor.

Comecei a fazer reciclagem musical com um professor de música, chamado João Lopes, para melhorar alguns quesitos, e a ele sou extremamente grato. Ele me ajudou muito, e assim pude passar para os meninos informações mais atualizadas para quem estava fora do ensino musical.

Lembro-me de que fui conhecer um colecionador de violinos, indicado pelo professor, e nunca vou me esquecer de sua dica valiosa durante nossa conversa. Eu acabei desabafando com ele sobre o mundo corporativo, o corte da viagem à Alemanha, enfim. Percebi que ele já tinha uma carreira executiva consolidada como diretor de uma multinacional. Então, ele me disse uma frase que foi além: "O que você faz pelas pessoas da sua comunidade? Você usa todo o esforço e energia, dando seu melhor, com as condições que você tem?". Ele ainda emendou: "Você gosta de violino, veio comprar um comigo, certo? Então, pense que, daqui a cinco anos, sua vida será diferente, pois a mentalidade de um campeão está ligada à quantidade de vidas que ele trouxe para Cristo". E ele ainda continuou: "Se você vai para uma igreja ensinar crianças e jovens a tocarem, e ensina de qualquer jeito, sem entrega, não haverá frutos. Agora, se você colocar Deus no processo e entregar o seu suor em campo, sem cobrar um centavo, sua vida será de prosperidade. Você vai encontrar a voz divina, mas busque os jovens onde precisar". O mesmo funciona para sua vida profissional, você precisa fazer coisas fora da caixa e ousar quando todos não estão dispostos ou querem permanecer na zona de conforto.

Começaram a aparecer vários alunos em minha vida, todos com histórias diferentes. Às quartas e às sextas, comecei a dedicar algumas horas para formar novos jovens para nossa orquestra. Eu adquiri o violino e ganhei um sermão profético para seguir com a mentalidade diferente. Chega de reclamar!

Eu entendo que, por mais que alcancemos qualquer mérito pelo nosso próprio desempenho neste mundo competitivo, um fator que é primordial para obtermos sucesso na vida de uma forma prazerosa e agradável é a palavra equilíbrio. Vamos imaginar bolas de futebol em nossas mãos, quando o treinador pergunta qual o percentual de seu sucesso nas áreas que estão contigo:

a) bola da gratidão: adorar a DEUS sobre todas as coisas. Ele lhe mostrará o caminho da felicidade e da alegria;
b) bola da família: eu cuido dos meus pais, que são velhinhos e precisam, de apoio de corpo e alma? Eu os colocaria ao meu lado para cuidar deles? Cuido de minha esposa e de meus filhos, participando ativamente da educação deles?
c) propósito de vida: o que eu faço de útil na sociedade para o próximo? Ajudo crianças e adolescentes no caminho do desenvolvimento espiritual e intelectual? Vejam, a semente plantada no subconsciente destes jovens será marcada no futuro deles. Alguns serão multiplicadores do bem para a nossa sociedade.

Exemplo: você ensina em sua comunidade ou igreja um instrumento musical, certo? Mas, de certa forma, os alunos não estão aprendendo porque você diz que eles não estudam e anda até maldizendo-os, chamando-os de preguiçosos. A grande pergunta é a seguinte: você foi até o final para entender o processo que aqueles alunos passam na vida? Sabe se eles vivem algum drama? Pois é, meu amigo, já fui muito julgador de alunos na música, porém ouvi uma frase de uma pessoa que mudou minha vida, pois um dia ele me perguntou: "Você ensina na igreja?". Eu prontamente respondi que sim. "Mas você ensina de corpo e alma?" O executivo que me orientou pediu para eu anotar abaixo uma mensagem.

Antes de tudo, lembre-se: estamos trabalhando para Deus. Vamos fazer o nosso melhor, com as condições que temos na igreja. Inicia-se um processo de transformação de talentos. Primeiramente, você está fazendo por alegria e satisfação de fato? Não pode ser por obrigação, pois as pessoas sentem de forma invisível quando o orientador não está transmitindo verdade no objetivo do projeto. O sucesso do grupo está ligado ao que o líder entrega para o seu time, à plantação da semente da glória em sua mente.

Vejam outro exemplo: foram convocados dois professores de música, para ensinar em uma igreja. Obviamente, um trabalho voluntário (doação do conhecimento sem custos) para um grupo de dez jovens.

1) O professor concluiu que os alunos são preguiçosos, não estudam e não valorizam o curso gratuito que têm nas mãos. Apesar de trabalhar em uma grande orquestra, não vai dar seu conhecimento para eles. Ele escreve tudo e ninguém faz nada. Então, se quiserem, vão pagar pela aula em casa.
2) O professor viu uma oportunidade de transformar vidas para Cristo de forma positiva, realizando aulas em grupo com esses alunos, possibilitando uma sincronia onde todos serão estimulados a treinar o violino. A socialização será tão intensa que, mesmo com o passar do tempo, ficará registrado na mente de cada um. O suor do professor é tão grande que os alunos se dedicam de forma leve e espiritual. Muita energia para conduzir um grupo que não sabe tocar, mas que sente nas palavras o caráter positivo do professor.

Não existe aluno preguiçoso na opinião de quem ministra aulas todo final de semana na igreja ou em outro meio social. O que existe é professor sem propósito de vida. Não estou dizendo o que é certo ou errado, mas aqui há um convite para a reflexão do seu propósito. É mais fácil os dez alunos não avançarem positivamente se você julgar ao invés de convidar os dez alunos para irem até sua residência com um café agradável e juntos lutarem para acertar a afinação e os ajustes que, na igreja, não há tempo de fazer.

O sucesso do grupo está ligado ao que o líder entrega para o seu time, à plantação da semente da glória em sua mente.

REFLEXÃO DOS CASOS, PRESTE BEM ATENÇÃO:

Caso 1

O professor diz que é realista e os alunos são um bando de preguiçosos que não pagam caro, pois ele estuda com grandes professores de música desse país. E, quando vai dar aula, não é compreendido por seus alunos. Exemplo: esse é caminho do rancor, do ódio, da ira e de outros adjetivos negativos. O sujeito vira uma pessoa com personalidade negativa. Olhem a frase de um campeão da negatividade: "Eu já testei tudo isso e conheço esse povo como a palma da minha mão". Vejam a semente plantada negativamente no subconsciente dos alunos, esmagando as obras boas do amor e da esperança dos jovens nesta sociedade.

Exemplo: você toma café em um hotel com sua esposa e o último copo foi o suco de laranja bem docinho. Você se lembra do sabor da laranja, e não do café, que foi o primeiro líquido ingerido.

Caso 2

Posso dizer que o segundo professor é uma pessoa extremamente feliz, pois sua mente não é dominada por emoções negativas. Ele não está esperando formar músicos profissionais; afinal, isso depende do propósito dos meninos. Porém, vejam como ele está formando homens para a sociedade com personalidade positiva. Tenham certeza de que, em várias áreas de sua vida, ele é feliz; existe a palavra "carisma", algo que as pessoas não compram.

O Maestro João Carlos Martins é um exemplo de superação e mentalidade positiva para qualquer um. Ele é um pianista e maestro consagrado, e veja o papel que ele exerce na formação da orquestra comunitária, sendo fundamental para o desenvolvimento de pessoas na sociedade. A música está em primeiro lugar na inclusão social, ultrapassando, inclusive, o esporte porque, no esporte, existe a disputa, a competição, mas, na música, não. Através dela, é possível mostrar para as pessoas um caminho além das drogas, do crime e da falta de respeito para com sua própria pátria. A música tem sido, para mim, um com sua própria pátria instrumento multiplicador de pessoas do bem e de descoberta de novos diamantes.

Este ícone de maestro sofreu um acidente no auge de sua carreira enquanto pianista e, aos 26 anos, enfrentou vários problemas de saúde, mas os venceu, pois Deus o ensinou a ter uma mentalidade com emoção positiva, contagiando com seu entusiasmo uma nação na Terra. Um legado para futuras gerações.

Como diz um amigo violinista profissional, Jonas Mafra: "É Deus "purim" neste projeto".

SUPERAÇÃO X VITÓRIA

Percebi que, mesmo trabalhando no projeto social que consiste em ensinar pessoas gratuitamente na igreja, as coisas não estavam acontecendo, pois os alunos não estudavam. Na igreja, às vezes é complicado, porque existem pessoas que não estudam, em sua grande maioria, fora da igreja. Então, abri as portas de minha casa, às segundas e às quartas, para ajudar alunos com um pouco de dificuldade.

Tinha um aluno, o Sr. Onésimo, experiente que, na época, tinha setenta anos, e já havia passado por alguns professores e não estava conseguindo tocar os hinos. O Sr. Onésimo, então, começou a frequentar também minha casa. Eram duas horas de aula com a camisa suada, pois sinceramente é mais cansativo dar aula de violino para alguém com muita dificuldade do que você trabalhar o dia inteiro, mas era muito prazeroso quando professor e aluno conseguiam tirar uma música juntos. Não tem preço.

Acredito que doar a mão de obra no ensino musical, sem custo algum, é uma oportunidade que Deus me deu para evoluir na Terra. Eu percebi que os únicos frutos para a orquestra da igreja seriam feitos dessa forma, pois indo somente à igreja não estávamos conseguindo ajudar os alunos.

O bacana foi que o irmão Onésimo não se entregou e, mesmo com sua dificuldade até mesmo em contar os tempos da música, sempre vinha aqui em casa. Percebi que minha vida começou a melhorar em todos os aspectos. Houve um dia em que ele tocou tão afinadinho uma música da igreja que a emoção bateu forte.

A igreja chegou a ter trinta alunos aprendendo violino, violoncelo e outros instrumentos clássicos. Naquele ano, começamos a fazer um trabalho social de união, tocando nas casas para os alunos se interessarem pela música e buscar uma melhor sincronia. Eu percebia que só as aulas na igreja e as aulas individuais em minha residência não estavam desenvolvendo talentos. Iniciamos, na casa de minha mãe, com um grupo pequeno, de seis a sete meninos tocando, e aos poucos fomos aumentando.

Passamos a nos encontrar no quintal do Zé Neguinho, um irmão em Cristo Jesus que é meu vizinho, e pudemos testificar a Glória de Deus. Foi notória a evolução musical de cada membro ou aluno dessa miniorquestra, que se chamou Orquestra de Garagem. Vinha aluno de outras igrejas pela região, o som enchia muitos lares de alegria na nossa rua e levava paz a outros tantos.

Vários alunos, por intermédio dessa ação, ingressaram na orquestra da igreja, pois o fato de tocarem sempre juntos tira toda a timidez, desenvolvendo novos talentos. Na minha opinião, se quisermos resultados diferentes na vida, precisamos ter atitudes diferentes. Não dá para cobrar os alunos da música sem entrar na chuva com esses soldados. Formamos um exército que, naquele ano, tocou no salão da minha casa com praticamente 45 músicos. Foi muito especial esse dia, com vários amigos antigos e alunos atuais de nossa aulinha de música.

Várias palavras vêm à mente quando falamos sobre o Bruno... E, com toda certeza, daria outro livro, porém as principais seriam que, além de ser um ótimo amigo, ele é uma pessoa batalhadora e dedicada, que vai até o fim em suas convicções e seus objetivos, sempre buscando melhorar e aperfeiçoar-se, e não é à toa que profissionalmente conseguiu chegar aonde está agora, e sabemos que ele não irá parar de crescer.

O que eu mais admiro nele é a humildade com que trata e lida com todos, sabendo também, no momento certo, ser firme sem abater ou entristecer alguém, e isso é uma qualidade que acho que poucos têm.

Ele é um amigo com que você pode contar em todos os momentos, sejam alegres, sejam tristes. Nossa amizade foi crescendo pouco a pouco, temos personalidades parecidas; posso dizer que ele é um grande irmão e amigo nosso. Que Deus possa continuar abençoando-o nessa jornada que, com certeza, será brilhante e com uma trajetória incrível, e que ele sentirá orgulho pelos degraus que teve que subir e tanta coisa que teve que superar para chegar aonde chegou.

HENRIQUE BARBOSA E VANUSA BARBOSA
AMIGOS E IRMÃOS
IGREJA CONGREGAÇÃO CRISTÃ DO BRASIL

Sou Samuel, amigo e irmão do Bruno, porque amigo foi quando nos conhecemos, o tempo passou e só cresceu em nós esse carinho de irmão.

Bruno é o irmão mais velho que, se precisar dar bronca, aconselhar, está sempre ali, mas nunca desampara ou abandona os seus, sempre está ali.

Conheci-o na igreja, exatamente na aula de música; no início, eu não tinha sequer um instrumento, e ele me emprestava o dele para passar as primeiras lições do método, invariavelmente servindo e ajudando o próximo.

Eu, particularmente, tenho pelo meu irmão Bruno uma imensa admiração como pessoa, sendo para nós uma referência de vencedor, sempre mostrando que somos capazes e deixando bem claro que a humildade vem na frente da honra. Um certo tempo da nossa mocidade, criamos um quinteto, sexteto, e a união era tão grande que tivemos que criar o grupo CCB Conceição, no qual era um pelo outro, sempre na alegria nos ensaios musicais. Era aquela turma e, à frente, nosso irmão mais velho

Bruno. Não tem como não citar aqui nosso irmão Clayton... Eita, saudades... Tempo bom que está guardado em nossas memórias. Outra lembrança maravilhosa e marcante em nossas vidas: no dia 20 de março de 1999, eu, Bruno, Clayton e nosso irmão Elvis alcançamos nosso objetivo na aula de música da Congregação Cristã do Brasil e fomos submetidos a um exame com o encarregado regional. Passando naquele exame, seríamos nós quatro oficializados na música, de maneira que nos deixariam tocar por chance, tocaríamos em toda a congregação e seríamos considerados músicos da maior orquestra musical do mundo. Isso é algo que carregamos pela fé dentro dos nossos corações e temos o prazer de nos sentar naqueles bancos e louvar ao nosso bondoso Deus. Eu tenho, nessa pessoa querida, por nome Bruno Chagas, uma referência. Ele ficará eternizado por essas palavras descritas aqui, minha eterna admiração e respeito pelo meu irmão.

Deus o abençoe.

SAMUEL JUSTINIANO
MÚSICO E VIOLINISTA
CONGREGAÇÃO CRISTÃ NO BRASIL

Bem, tudo começou com uma coisa simples e, ao mesmo tempo, extraordinária: a música. Não a que a massa populacional geralmente está habituada, mas, sim, a erudita e sacra. Eu sempre gostei de violino desde minha infância, então decidi entrar na aula de música e aprender.

Tive muita dificuldade, mas sempre me esforcei. Chega um momento em que qualquer pessoa pensa em desistir, a não ser que seu instrutor seja o Bruno, aí essa palavra não existe no seu vocabulário, e isso foi muito bom para mim. Toda semana eu ia tocar na casa dele, estudando por horas. Era muito cansativo, mas, ao mesmo tempo, prazeroso por ver que aquelas aulas sempre davam resultado. Houve uma época durante meus estudos em que eu estava com um déficit muito grande e a qualidade do meu som e da minha leitura das partituras decaíram bastante devido ao fato de eu ter uma limitação visual não tão grave, porém incômoda. Naquele momento, não tinha condições de arcar com os custos de uns novos óculos, então o Bruno e outros instrutores me ajudaram nessa parte, e fiquei muito feliz.

Certamente, um dos exemplos que levo para minha vida é ele, um ser humano ótimo, que transmite segurança, carisma e sinceridade onde quer que passe. O Bruno sempre foi uma pessoa à frente em tudo, disposto, alegre, comunicativo e feliz. Algumas pessoas fazem as coisas por obrigação, responsabilidade ou culpa, mas é notável que ele faz por amor.

Dessa forma, através da música, criamos um laço e desenvolvemos uma relação de amizade, e não apenas isso. Como ele mesmo descreve: o considero um "pai musical".

NAATE LOPES
MÚSICO VIOLISTA
CONGREGAÇÃO CRISTÃ NO BRASIL

Acredito que cada pessoa que passa na nossa vida nos marca de alguma forma, e o Bruno me marcou positivamente. Então, poder falar sobre ele, para mim, é muito importante. Ele é mais que um amigo, é um irmão de outra mãe que Deus me deu.

Em 1998, cheguei a São Paulo e, naquela época, conhecia poucas pessoas e tinha poucos amigos. Lembro-me de que o Bruno foi uma das primeiras pessoas que conheci e nos tornamos grandes amigos.

Ao longo desses anos, vivemos grandes momentos e muitas histórias para contar. Mas, uma em especial, foi quando o Bruno convidou a mim e a um outro amigo em comum, o Renato Labesten, para participarmos de um projeto social de ensino musical. Fiquei feliz e entusiasmado com o convite de poder trabalhar em um projeto social onde o foco era o ensino de violino.

Foram muitos sábados de dedicação junto aos irmãos Bruno e o Renato para trazermos conhecimentos a todos alunos do projeto social e, depois de alguns anos de trabalho árduo, pudemos ver os resultados e colher os frutos, vendo aqueles alunos inseridos no mundo da música alcançarem um determinado nível de competência e dominando algumas técnicas e aptidões para a vida. Minha gratidão por todo o apoio que recebemos de todos, não cabem em palavras.

O Bruno é um ser humano iluminado, de um coração enorme e que sempre está preocupado com todos à sua volta. Ele é dedicado ao desenvolvimento de pessoas, sempre incentivando-as a buscar conhecimento, para enxergarem as suas qualidades e se tornarem seres humanos melhores. A sua generosidade tem criado oportunidades para que as muitas pessoas sejam mais felizes.

É por isso que Bruno, além de um amigo querido, é um profissional que admiro demais. É uma inspiração para mim e para todos que o conhecem, é merecedor de todo o sucesso atingido na sua vida pessoal e profissional. Fica a gratidão a Deus, Bruno, pela sua vida, pela amizade dedicada ao longo dos anos e por todos os conselhos. Que Deus o abençoe e prospere ainda mais sua vida.

HALLAN SANTOS
MÚSICO VIOLINISTA
CONGREGAÇÃO CRISTÃ NO BRASIL

Bruno... Famoso Brunão!

Você é um amigo, companheiro que Deus colocou em minha vida.Desde nossa infância, quando nos conhecemos, criamos um vínculo amigo/irmão, isso foi há algumas décadas. Aprendi com você a música, recitamos juntos, estivemos juntos nas horas boas e ruins. Vi sua luta e seu esforço para fazer a faculdade, para ter um futuro melhor, Deus lhe deu essa vitória, eu estava em sua formatura... Vi seu crescimento profissional, estou vendo a formação da sua linda família e espero continuar ver mais coisas... Você sabe que não sei me expressar com palavras, mas quero que saiba que é meu amigo, irmão na fé. Apesar de nossas diferenças futebolísticas (ninguém é perfeito, kkkkk), que Deus o abençoe muito, meu irmão.

RENATO AFONSO
VIOLINISTA
CONGREGAÇÃO CRISTÃ NO BRASIL

Meu depoimento é simples, mas é de coração, porém, antes de começar, devo dizer que sou muito grato a Deus porque, quando falam que Ele tem anjos no céu e na Terra, esses anjos na Terra são poucos e fazem muita diferença. Um deles é chamado Bruno, uma pessoa incrível, de uma humildade grandiosa e uma energia muito boa, que contagia com sua alegria, que serve de alavanca para o próximo que está desanimado.

Tem uma série a que assisti e que falava assim: "Bravura vai além do dever, são poucos que a têm e que carregam isso consigo..." e, no Bruno, não só observamos esta coragem, mas também a bravura que é inigualável. Agradeço a Deus por ter colocado esse anjo na minha vida, que me trouxe muitas alegrias em momentos na nossa vida em que desanimamos e que é só por Deus...

Eu o considero não só como o meu instrutor de música, mas um soldado valente, na linha de frente, que não tem medo. No dicionário dele, não existe a palavra desistir. É um guerreiro de Deus, um irmão que nunca tive. E quem acha que não existem homens bons na Terra, está muito enganado, pois o Bruno não só é homem bom, mas um homem que tem muito a ensinar. Que Deus o abençoe, meu irmão, e o guarde nessa bravura de um grande guerreiro, porque tenho certeza de que suas histórias ecoarão na eternidade.

SAMIR CARMINATTI
VIOLINISTA E ALUNO
CONGREGAÇÃO CRISTÃ NO BRASIL

O começo dessa história longa que eu tenho com o Bruno teve início no ano de 2019, quando estava em minha casa muito desanimado, porque o instrumento que eu desejava tocar tinha sido proibido. Porém, um dia eu estava em minha residência e escutei alguém me chamando no portão.

Quando fui atender, vi o Bruno, que tinha vindo à minha casa para me convencer e me apoiar a tocar o violino. Ele entrou, conversamos e rimos. Enfim, nesse dia, ele entregou em minhas mãos um violino, que foi o instrumento que eu estudei sete meses, e é o instrumento que eu toco até os dias de hoje. Graças, primeiramente, a Deus, aos meus pais e ao meu professor, Bruno Chagas.

Sou muito grato a ele, pois, se não fosse o Bruno na minha vida, creio que já teria desistido da música. Hoje, não toco profissionalmente, mas já sei o suficiente para entoar melodias e hinos com meu violino.

SAMUEL BATISTA RODRIGUES
VIOLINISTA
CONGREGAÇÃO CRISTÃ NO BRASIL

Conheci o Bruno ainda criança (ele é um pouco mais velho que eu), nas aulas de música da igreja, e logo firmamos uma amizade. Eu o tive como um irmão mais velho, ao lado de outro amigo, o Clayton, e ambos eram minhas referências.

O Bruno sempre foi dedicado em tudo, muito comunicativo e carismático, constantemente demonstrava muita fé. Chegou a ser meu instrutor e nunca irei me esquecer dos momentos épicos em que disputávamos quem tocava mais rápido a Lição 33 do Hans Sitt 2, nem do dia em que ele disse ao encarregado de orquestra que eu estudava muito e estava tocando bem. Digo isso, pois esse é o jeito dele, conhecer as pessoas na essência, decifra o que o próximo sente ou fica sensibilizado com a situação do outro.

Aprendi na vida que temos de estar ao lado de pessoas que nos levam para a frente, por isso é uma honra estar próximo desse meu irmão, pois, além de ser uma pessoa com uma energia maravilhosa, ouvir o que ele tem para falar é uma sessão de coaching, pois são aulas para a vida. Bruno nos dá uma lição de mindset, como pensar positivo, como enfrentar os problemas, assumir os erros e corrigi-los; mudar, quando as coisas não vão bem, mas a principal lição é a de fé, de perseverança e de energia em tudo o que faz. É um homem de Deus, de amor ao próximo, que sempre deixará um legado a todos que estão ao seu redor.

Um ser transparente, ficam evidentes seus erros e suas virtudes, dando-nos a oportunidade de escolher estar junto dele ou não. Um marido exemplar, um pai dedicado e amoroso, um homem completamente voltado à família, um coração caridoso.

Meu irmão, isso é tudo que tenho para falar para você. Na verdade, faltam palavras, pois ser seu amigo é uma dádiva. Desejo sempre o seu sucesso e peço a Deus que abençoe você e sua família sempre. Amo você como se fosse um irmão de verdade.

Que Deus o abençoe por ser um exemplo.

PAULO SANTOS
VIOLINISTA

CONGREGAÇÃO CRISTÃ DO BRASIL

NOSSA! VOCÊ É VENDEDOR? ACHEI QUE FOSSE ENGENHEIRO...

Na minha opinião, todos somos vendedores, pois, na prática, vendemos nossa hora para alguma empresa ou para algum cliente. Uma pessoa pode ser assistente administrativo ou contábil, mas está vendendo sua hora estudada para alguém pagar. Não importa a área, seja você um engenheiro, seja um médico ou advogado, tudo tem um custo por hora. Vou dar um exemplo: alguns profissionais custam R$ 100,00 a hora, outros custam R$ 1.000,00 a hora, uns poucos custam R$ 10.000,00 a hora e assim sucessivamente. O pior é que eu escuto muito esse comentário: "Nossa! Você ganha dinheiro como vendedor? Isso dá dinheiro?". Meu amigo... Vendas são o combustível da economia em todas as áreas, não existe movimentação se alguém não vender algo. Uma construtora constrói seus edifícios, mas, se não lançar o produto, não sobreviverá, pois depende do sucesso do empreendimento.

Até mesmo nossa imagem é vendida para um(a) futuro(a) marido/esposa ou namorado(a), pois tem que ser algo verdadeiro para quem está nos conhecendo. Nosso traço de personalidade positiva é sentido de forma leve e oculta. Vejam um exemplo: um profissional que trabalha por dinheiro, quando chega o quinto dia útil do mês, faz referência ao alpiste do passarinho para comer no dia, pois é uma porção que sustenta a família. Porém, depois ficará com suas asinhas sem bater e acabará triste, pois aquela porção serve apenas para a sobrevivência, pois ganha um limitado salário e, com ele, não poderá conhecer o mundo, desfrutar da abundância.

Já um profissional que voa e bate as asas conhecerá o extraordinário, pois renunciará a uma mesa de escritório e um copo de suco de laranja. Observe que o mundo está se tornando empreendedor e, sinceramente, espero que nossa nova geração arrebente no mercado digital e consiga acelerar muito os ganhos financeiros. Tudo isso movimentará a economia e gerará oportunidade para todos os níveis de produção da indústria. Há muitos jovens e adultos que não sobreviveram ao mundo corporativo, pois ficaram traumatizados por causa da pressão com a qual não souberam lidar nas empresas. Por isso, o empreendedorismo digital gera oportunidade.

O curioso é que não esperamos que nosso filho diga que quer ser um vendedor quando crescer. É provável que a criança queira ser um jogador de futebol, um médico, um engenheiro ou qualquer outra profissão, mas o mais importante é ter a mentalidade para crescer, estudar e trabalhar no futuro. Já desenvolver com inteligência para vender um produto, uma ideia, um serviço ou até mesmo ter liberdade é algo para poucos. As vendas são alma e coração, aliadas ao atendimento de verdade.

Considero o prazer em trabalhar para servir o próximo como alavanca para o sucesso. Pessoas me perguntam: "Você pode vender o que quiser?". Na verdade, não vendemos nada, pois quem compra nossos produtos são os clientes. Eles precisam comprar e com um detalhe: no tempo deles. Um verdadeiro mestre de vendas não empurra produtos para ninguém, simplesmente cria o desejo no cliente de comprar e indicá-lo para mais dez clientes.

Certa vez, um rapaz que havia estudado Engenharia Mecânica e ganhava R$ 3.000,00 por mês, recém-formado, via que sua vida não se desenvolvia.

Então, ele sabia que sua mãe trabalhava na área de ótica e gozava de uma vida abundante, com fartura de recursos em dinheiro, desfrutando de viagens internacionais e nacionais. O tal rapaz já havia sido chamado por sua mãe para abrir sua própria ótica, mas ele tinha vergonha da família da esposa; afinal, ele era um engenheiro e queria manter sua imagem de rapaz bem-sucedido na sociedade. Sua esposa apoiou-o e incentivou sua mudança de postura e ele largou o trabalho como engenheiro e assumiu um ponto de venda no ramo ótico. Seu negócio prosperou e a receita, já no primeiro ano, superou em dez vezes mais o que sobrava de líquido por mês do antigo salário. Portanto, o importante é identificar qual sua alegria e felicidade em crescer. Esqueça a opinião familiar, que, na maioria das vezes, não ajuda em nada. O conselho deverá ser de alguém que já construiu uma história de sucesso.

Sinceramente, senti essa experiência na pele, quando trabalhei por anos em uma construtora e depois atuei na área técnica de produtos na Würth. Porém, me encontrei de coração quando comecei a trabalhar na área de vendas. Literalmente, aprendi a servir meus clientes, sempre falando a verdade, com muita transparência e amando trabalhar com pessoas. Lembro-me de que alguns familiares na época até comentaram: "Poxa, o cara fez Engenharia Civil e foi trabalhar como vendedor?". Entretanto, eu não me sentia feliz em trabalhar dentro da Companhia Würth como engenheiro, pois me sentia preso ao sistema e não via os ganhos financeiros mudarem. Eu sempre fui grato por toda as oportunidades, mas a única forma de mudar meu status financeiro era partindo para o setor de vendas.

Foi minha mudança de chave e, a partir disso, realizei muitos sonhos, tais como minha casa própria e minha casa de veraneio, dentre outros. Viajei para vários paísés, e tudo isso graças a Deus e aos meus maravilhosos clientes, que, mesmo em momentos de crise, mantiveram-se com muita maestria.

A todos que ganham um salário mínimo por mês, acreditem em vocês mesmos e na sua capacidade de mudar seu status social, entendendo que, por intermédio das vendas, vocês abrirão suas mentes, e não retornarão mais para a escassez.

Acredito que oitenta por cento da venda está concentrado em escutar e vinte por cento em perguntar. As pessoas acreditam que o vendedor que fala muito, vende muito... Na prática, quanto mais o cliente abre o coração, mais ele gostará do vendedor. O importante é entender a operação do cliente.

Sempre digo que não sou de QI elevado, nem tenho habilidade ou inteligência superior para a área de vendas, pois já conheci pessoas muito mais talentosas do que eu. De fato, sou um profissional que não negocia com a preguiça. Meu lema é "Levanta e anda!", pois acredito que foram os adjetivos dos quatro pilares que me fizeram um verdadeiro campeão de vendas. São eles:

- Persistência
- Perseverança
- Paciência
- Persuasão

É impossível fazer uma pessoa com esses adjetivos pensar em desistir. Não existe a construção verbal "vou tentar". É preciso dizer sempre: "Vou fazer, em nome de Jesus!". Detalhe, devemos valorizar o poder da imaginação, sem nos deixar contaminar por pessoas negativas.

Fazer o bem só nos favorece. Assim, ajudem as pessoas, apadrinhem famílias, e Deus se fará presente. As vendas seguem esse ritual, Deus abrirá as portas para cada um de vocês, a capacidade vem Dele. Esse ciclo de sucesso depende das suas obras. Por exemplo, durante vinte anos trabalhando nessa companhia, tive a oportunidade de indicar treze pessoas. Isso, para mim, é um bem que foi plantado. Os olhos de Deus estão por todos os cantos dessa Terra, então, fiquem tranquilos que a prosperidade virá. Lei do retorno.

Nunca me arrependi de fazer o bem pelas pessoas, o mundo está cheio de pessoas prepotentes, arrogantes, que não acreditam em Deus e não acreditam na família. Tenho minha esposa e meus dois filhos, Daniel e Giovanna. Dou meu suor em campo para cuidar deles, porque um vendedor que honra sua família também vai honrar seu cliente, o caráter das vendas tem que estar acima de tudo, a palavra do vendedor tem que ser "sim" ou "não", não existe o meio-termo. Existem os amortecedores de comunicação, mas a verdade tem que prevalecer.

O QUE VOCÊ FEZ DA SUA VIDA?

Nosso dia pode terminar amanhã, então eu lhe pergunto: o que você fez da sua vida?

Agradeça sempre!

Fui o moleque de vila, como a música do Projota, mas nunca perdi a esperança nem nunca deixei de sonhar. Bruno Chagas está melhor do que o menino de vila, mas tem orgulho de onde veio, do trabalho social de instrumentos de cordas de que faço parte. Eu quero ser a inspiração. Cheguei até aqui me inspirando na garra do meu pai, tenho orgulho da minha mãe. Foi ela que me ensinou a ser lutador e homem de valor e honra. Deus é muito bom comigo, tive uma boa mãe e um bom pai, que fizeram muito mais do que podiam por nós. Não existe família perfeita, mas aprendi a valorizar as qualidades. Tenho quarenta anos e sou um homem realizado, construí minha família e minha carreira e acredito no que está escrito na Bíblia: honrei meu pai e minha mãe.

Meus pais, para mim, são sagrados, assim como devem ser os seus. A sabedoria vem de Cristo. Eu acredito Nele sobre todas as coisas, Ele é dono do Universo. Espero que meu futuro seja brilhante, assim como minha vida toda foi maravilhosa. Só tenho a agradecer a Deus, pois, neste livro, quero dividir uma experiência real, verdadeira e poder dividir com o mundo a minha história, repartir com as empresas e com os jovens talentos que estão iniciando sua carreira de trabalho, porque é importante dividirmos o que sabemos. Não adianta sermos engenheiros, advogados, médicos ou professores universitários acima da média se não soubermos transmitir nada. Num futuro próximo, quero palestrar para poder dividir minhas experiências vividas nessa multinacional alemã, pois trabalhar vinte anos em uma empresa desse nível é para poucos.

Não só trabalhar, mas atingir metas fora da caixa – acredito que este seja o "pulo do gato". Quero despertar novos talentos, espalhados por esse país. Quero chegar às comunidades, às empresas e àquelas pessoas que não acreditam que podem ter um salário digno que lhes proporcione e aos seus familiares algum conforto.

Cheguei até aqui e acredito que, se ficasse mais dez anos na Würth e não dividisse minhas vitórias e meus conhecimentos, seria como um passado vazio. O fato de ter sido tricampeão de faturamento (2016, 2018 e 2022) já foi um indício de que essa história precisava ser dividida. Gostaria que, durante as palestras, as pessoas pudessem se identificar com a minha história, acreditando que também podem vencer, mesmo sendo pessoas simples.

Outra coisa: menos é mais. Não precisamos ter "nariz empinado", nem devemos ser arrogantes. Quero continuar no mundo coorporativo, mas atingindo uma parte maior desse universo. Se precisar fazer palestras fora do Brasil, farei isso. Não somos super-heróis, mas vamos invertendo as objeções, tirando-as da frente e superando as dificuldades. A superação é importante, essa experiência de vida que tenho é a experiência que muitos querem ouvir: como cheguei aonde estou.

Há espaço para todos, por isso quero levar para outras empresas meu estilo de trabalho e minha fórmula do sucesso. Tenho uma e, como deu certo para esse tipo de negócio que faço, dará certo também para outros tipos. Se vocês me perguntarem o que acho que fiz e que, de certa forma, me prejudicou, diria que foi minha ansiedade. Até 2014, gostava do embate, não tinha equilíbrio emocional. Então, facilmente dissipava minha energia. Hoje, não faria mais isso. Não adianta ficar gastando seu conhecimento com pessoas que não querem aprender.

Você não pode ser ansioso, não vale o embate com os clientes. Você deve ser sutil, algo que comecei a desenvolver de 2015 para cá. Acredito que isso ajudou muito a me desenvolver. Não adianta querer brigar com colegas e clientes.

Aconteceu muito na minha carreira. Às vezes, as pessoas eram intransigentes comigo, mas, algum tempo depois, me chamavam e pediam desculpas. E, de fato, as pessoas fazem isso! Por terem um cargo maior que o seu, se acham acima do bem e do mal. Por isso, é preciso que tenhamos muito cuidado e manter o equilíbrio. Minha carreira foi muito bem conduzida por Deus, eu creio nisso. Meu sucesso não está atrelado somente à minha alta performance.

Cada indivíduo precisa ter em mente aonde quer chegar. Por exemplo, qual o seu valor profissional? Você tem alguma qualidade que possa fazê-lo melhor que os outros? Eu sempre digo que precisamos ser "anormais", "fora da caixa". A comunicação tem que respirar comunicação. E mais: você não pode andar com pessoas que são "corvos e porcos". A pessoa corvo terá sempre uma energia maligna, é uma pessoa que reclamará sempre de tudo; já o porco estraga o sonho das pessoas, é alguém que sempre vai achar um defeito nas outras pessoas.

Jamais fale essa frase: "A empresa não me valoriza". Isso não existe! É você quem tem que se valorizar, você é uma S/A , uma empresa; portanto, pare de reclamar! Não seja fraco e limitado. Este é um dos principais motivos de não conseguir uma promoção no trabalho. Valorizo-me e valorizo o que conseguir conquistei; muitos não irão conseguir conquistar, são anos de trabalho.

Alguns empresários precisam entender uma coisa: muitas vezes, classificam o vendedor como aquele que trabalha pouco e ganha muito. Isso não é verdade!

Na maioria das ocasiões, o vendedor perde muitas noites de sono, pensando em como desenvolver seu trabalho e bater as metas. Você, empreendedor, precisa valorizar o seu time, mesmo que nem todos sejam brilhantes.

Estou nessa posição hoje, mas suportei muitas pressões. Todavia, não deixei nunca as pessoas me pressionarem. Faça a diferença: se sua meta de vendas for R$ 1.000,00 por dia, venda R$ 5.000,00. Cuidado com quem se relaciona dentro da empresa e do seu setor, sempre haverá aquele que tem como meta prejudicá-lo ou te desmerecê-lo, eu vivi isso. São pessoas tóxicas. Por isso, minha meta é propagar meus conhecimentos comerciais. Não é ensinar a vender, porque ninguém ensina ninguém a vender; é mostrar os meios para que cada um consiga ter sucesso, pois tudo acontece no tempo oportuno imposto por Deus. Ouça mais, para isso temos dois ouvidos, o segredo é entrar na empresa e fazer história ali dentro.

Almejo, com minhas palestras, despertar o leão adormecido dentro de vocês. Para isso, também é importante cuidar da mente. Portanto, chega de ouvir notícias ruins, selecione as músicas que vocês ouvem, as notícias que vocês escutam ou leem. A história vai chegar, mas, para isso, como em uma construção, tem que começar pela fundação e pela estrutura.

Sou muito observador e noto que algumas pessoas trazem o semblante de

derrota. Esses indivíduos olham baixo e sua linguagem corporal transpira insegurança. Trata-se daquele tipo de vendedor que já chega reclamando: "peguei muito trânsito, a porcentagem sobre essa linha está muito baixa". Pessoas que fazem esses tipos de comentários só têm duas explicações: são sustentadas por alguém ou praguejam a própria vida. Afaste-se delas!

O mundo está repleto de pessoas desanimadas, até nas igrejas elas existem, quanto mais nas empresas, que estão lotadas de pessoas assim. Por exemplo, vamos supor que você é músico de uma orquestra e, de repente, desafina em uma nota. Existem pessoas que já encaram e apontam o erro, mas não oferecem ajuda para aquele músico que passa pela dificuldade. É mais fácil apontar o dedo e dizer que ele está desafinando. Trabalhei com uma pessoa que parecia um chiclete de pessimismo na mente das pessoas, porém não permiti que fizesse isso comigo. Quando contei que iria me casar, esta pessoa me aconselhou a não fazer isso, que iria me arrepender, mas não era aquela energia negativa que iria me desmotivar ou desviar-me dos meus propósitos. Eu era gigante, tinha Deus ao meu lado.

Notem bem: o mundo está sem paciência!

Lembrem-se de uma coisa: todo conhecimento que você tem e divide com o próximo, o Universo lhe devolverá em dobro. É assim que penso, não quero ser lembrado somente pelo que fiz, quero ser lembrado também pelas inspirações e histórias de vida que contei para as pessoas. Não é só o fato de ser um profissional bem-sucedido. De que adiantaria meu sucesso, se não pudesse inspirar ninguém com minha história e meus projetos? Precisamos fazer o bem e ser servos de Deus. Tem muita gente que está dentro da igreja e é um zumbi; não importa a crença, não ajuda ninguém, não estende a mão ao próximo. Para ser uma pessoa de alta performance, primeiro você tem que se doar.

O seu sucesso depende dos adjetivos que você colocará como tempero na sua vida. Você tem que entender que a venda ocorre de maneira natural. Cheguei aonde cheguei porque abdiquei de pessoas e situações negativas. É como sair de um Fusca e entrar em uma Ferrari.

Todo mundo vai falar de você, e isso não pode afetá-lo. Vista-se bem, isso faz parte da sua etiqueta como vendedor, é importante você cuidar da sua imagem. Quero dividir aqui um exemplo profissional que aconteceu agora na pandemia: uma situação patológica, negativa, com um cliente da empresa, referente a um produto em uma obra. Não era um cliente meu, mas era um cliente da empresa em que trabalho e, naquele momento, precisamos pensar na imagem da companhia, e não em quem era o vendedor responsável pelo cliente. Conversei com o diretor, que me pediu para resolver aquela situação. Consegui solucionar o problema e manter a imagem da empresa. Você é a empresa em que trabalha! Você precisa pensar como a empresa. Nesse caso, me envolvi em todas as áreas que foram necessárias e mostrei a verdade. Seu cliente sente quando você trabalha com a verdade.

Tem gente que nasceu para ganhar R$ 1.000,00 a vida inteira, e há pessoas que nasceram para ganhar R$ 10.000,00 ou mais por mês e estão sempre buscando por mais. Na área comercial, as pessaos dizem: "O céu é o limite"; porém não gosto dessa expressão. Prefiro: "A ignorância é o limite". Você pode ganhar quanto quiser. Por isso, você precisa amar o que faz. Percebeu o que tem na mão?

Você tem que trabalhar com prazer, motivação e tesão. Ninguém motiva ninguém, você se automotiva. A força que vem de dentro é provocada pela natureza, pelo Universo e pelo bem que você faz para o próximo. Temos muitos vendedores que ganham pouco; muitas vezes, a pessoa é até um bom vendedor, mas se deixa contaminar por sujeitos tóxicos, o que acaba ocasionando a desmotivação. Você precisa entender que, para chegar aos bons salários, é necessário ser diferenciado, um atleta de vendas, comunicar-se de forma objetiva e simples.

Toda vez que acaba o mês, zere seus números; no mês seguinte, recomece. Você tem que trabalhar como se tivesse entrado na companhia naquele momento, com a humildade de reconhecer que precisa aprender mais e bater à porta dos que já são seus clientes e de novos clientes. Coloque a mão na massa e nunca deixe de buscar conhecimento. O seu sucesso depende só de você! Mostre que é capaz, Deus o capacitou, por mais que tentem lhe mostrar o contrário. Influencie positivamente as pessoas.

Hoje, tenho sucesso, oportunidades dadas por Deus, porque fui a campo, procurei conhecer meu cliente a fundo, coloquei-me no lugar dele e saí em busca de soluções para seus problemas. Se você me perguntar o que valeu mais: sete anos trabalhado como interno ou doze trabalhando como externo, sem sombra de dúvida, os doze atuando externamente. A rua é o combustível do vendedor.

Você não trabalha somente pelo dinheiro, ele é consequência das suas ações. Aliado a isso, nunca deixe de buscar conhecimento. Ser um profissional qualificado é também estar atento ao mercado, é investir em seu aprendizado e seu aprimoramento pessoal. Busque se destacar pelo seu talento, mas também adquira técnicas para se desenvolver sempre mais.

“

MAS O QUE ESPERAM NO SENHOR RENOVARÃO AS FORÇAS, SUBIRÃO COM ASAS COMO ÁGUIAS; CORRERÃO E NÃO SE CANSARÃO; CAMINHARÃO E NÃO SE FATIGARÃO.

ISAÍAS 40.31

”

DEUS NO COMANDO DE NOSSA MENTE

Eu creio que Deus nos deu uma mente brilhante para atrair o céu, ou seja, dentro de nós, emana uma energia das obras do Espírito Santo, como amor, paz, sinceridade, lealdade, submissão, dentre outros aspectos... Na minha opinião, pelo que vejo, são palavras que preenchem nosso subconsciente, mesmo que ele não consiga diariamente entender o que de fato é certo ou errado. Nossa mente consciente filtra a compreensão de um gesto lindo através dos cinco sentidos, como audição, visão, paladar, olfato e tato.

Dificilmente, alguém acorda e pula com alegria da cama dizendo: "Estou feliz, pois Deus me deu uma oportunidade de colaborar para o bem-estar de pessoas. Oh, Deus! Em que posso ser útil para servir as pessoas na Terra, respeitando suas limitações técnicas?"

Meu amigo, se você faz isso todos os dias, não há objeção na sua vida, pois a energia do caráter positivo que Deus lhe deu permite que pessoas ao seu redor, como clientes, alunos e até mesmo familiares, sintam essa força. Afinal, você está mostrando ocultamente seu traço de personalidade.

Quando as pessoas não entendem o que é isso, não adianta você plantar a semente na mente negativa, pois o tempo de uma mentalidade negativa deverá ser trabalhado e aceito para germinar a semente. Exemplo: existem pessoas que enxergam problema em tudo e dizem que são realistas. Não, meu amigo, você está fadado ao fracasso. Se você não tem dinheiro, continuará ganhando seu salário e tendo uma vida restrita, pois você afirmou isso com suas palavras e, detalhe, existe poder nas palavras.

As pessoas precificam tudo e falam: "Eu não compro essa roupa, custa muito caro. Jamais daria R$ 500,00 em uma camiseta dessas". Por exemplo, o ponto em questão é o seguinte: você não tem o dinheiro para comprar e prefere emitir uma energia em torno de si, consequentemente dizendo que você se limita a usar uma roupa de R$ 100,00.

As pessoas, quando terminam o domingo e assistem ao seu programa, já amaldiçoam sua própria vida, dizendo: "Poxa, amanhã será segunda-feira e depois terça". Isso, automaticamente, emite uma energia negativa no seu subconsciente, trazendo danos para sua felicidade na vida. São como repetições aleatórias. Viu dar um exemplo: se você diz "Eu vou tentar executar esse projeto em minha vida"; mude e diga: "Em nome de Jesus, vou fazer, pois tenho o poder de Deus à frente dos meus projetos!" O verbo tentar não é aconselhável, gera vãs repetições, que, consequentemente, não terão sucesso.

Eu tenho orgulho de ter nascido em um lar humilde, como o de milhões de pessoas pelo mundo, mas uma coisa pela qual sempre lutei na vida foi ter uma mente sã, ou seja, não me deixar contaminar por energia e obras negativas, como ódio, raiva, ira, ganância e inveja, dentre outros sentimentos. Não precisa ser um estudioso para saber que as energias negativas acabam, na maioria das vezes, anulando as energias positivas.

Em sua vida, vão acontecer coisas que, de fato, não darão certo. Porém, eu vejo que Deus, lá do céu, está dando a oportunidade para você sair daquela situação de forma espetacular. Eu creio que somos, na prática, como profetas da nossa própria vida, no sentido de dizer para a nossa consciência sobre coisas maravilhosas que Deus criou.

O mundo está repleto de pessoas com energia negativa, que sofrem pela imaginação e tentam influenciar negativamente qualquer liderança e, pasmem, isso, dependendo da pessoa, acaba minando sua energia. Como um pai dizer para o seu filho: "Você não tem condições de ser alguém na vida!". O correto seria: "Filho, as pessoas acham que você não tem talento, mas o poderoso Deus o capacitou para uma missão e tenho certeza de que Ele lhe mostrará o caminho para a bênção em sua vida".

Eu vejo muito isso em igrejas. As pessoas sempre dizem que estão provadas, angustiadas e deprimidas, e isso soa como se fosse uma forma para se adaptar àquele meio social. Mas, de uma maneira inocente, por falta de conhecimento, toda a sua família cresce com aquela energia, trazendo danos psicológicos para um bom desenvolvimento na sociedade em que vive. Imagine as pessoas do meio evangélico dizendo assim: "Sou feliz, pois Deus é maravilhoso, me concedeu tudo!". Infelizmente, um pequeno percentual tem essa mentalidade.

Lembro-me de um dia em que fui tomar café com meu pai e disse a ele: "Pai, eu me vejo tendo sucesso na Würth, vendendo mais de R$ 200.000,00 e conseguindo realizar meu sonho da casa própria. É uma visualização criativa, inspirada por Deus. O senhor crê?". Meu pai, que tem muita fé, disse: "Filho, que você mentaliza, disso eu já tenho certeza, que Deus se fará presente e você já conquistou!

Percebe a diferença de postura?

Anos depois, mudei para a área comercial e fechei um contrato em uma das maiores construtoras que possibilitaram meu sucesso e a aquisição de minha casa própria. De fato, sou extremamente grato!

Creio no poder de Deus em nossa vida, o que passamos são oportunidades para nos desenvolvermos melhor como seres humanos. Diga diariamente a seguinte autossugestão: "Todos os dias, em todos os sentidos, estou cada vez melhor". Automaticamente, muitos vão se incomodar, pois você estará blindado da maldade que assola as pessoas em torno de si. Não existe negociação para energia negativa e, se você sentir que estão tentando invadir seu mundo, prepare-se, filtre e saia para a abundância com Cristo em sua vida.

Você é talentoso e vitorioso, Dentro de você, haverá muito sucesso espiritual e material, já que só existem obras do bem, não existe negociação com emoções negativas. Seja liberto da ira, do rancor e do ódio.

Cheguei a essa sugestão pela experiência pessoal de prestar serviço aos outros sem receber algo em troca. Quantos de nós não prestaram serviços a terceiros sem receber retribuição ou reconhecimento? Já passei por essa experiência muitas vezes e estou igualmente certo de que isso acontecerá novamente no futuro. Mas não vou deixar de prestar serviço aos outros simplesmente porque eles não retribuem nem apreciam meus esforços. E aqui está a razão: quando presto serviço a outra pessoa ou pratico um ato de bondade, guardo em meu subconsciente o efeito dos meus esforços. Ao fazer isso, eu me torno um certo tipo de pessoa e, por ser esse tipo de pessoa, vou atrair para mim outras pessoas que se harmonizem ou se assemelhem ao meu caráter. E aquele que eu atrair para mim será o tipo que retribui com atos de bondade e serviço. Assim, o que chamo de lei da compensação terá equilibrado a balança. Acredito que esta é realmente uma lei natural que influencia nossas vidas. Por causa dessa grande verdade, é impossível você prestar qualquer serviço útil ou praticar qualquer ato de bondade sem ser beneficiado. Além disso, é igualmente impossível se entregar a qualquer ato ou pensamento destrutivo sem pagar o preço, a perda de um grau correspondente de seu próprio poder.

“

REGRA DE OURO DA VIDA:
FAÇA AOS OUTROS O QUE GOSTARIA QUE FIZESSEM A VOCÊ.

”

MINDSET (CONFIGURAÇÃO MENTAL)

É muito importante salientar o assunto Mindset, pois, se você chegou até aqui, significa que algo vai mudar em sua vida. Existem dois tipos de mentalidades: a fixa e a de crescimento. É comum nossos familiares e amigos usarem a mesma expressão.:

A principal referência desse de campo de estudos é a professora de Psicologia e pesquisadora da Universidade de Stanford, nos Estados Unidos, Carol Dweck. Em seu livro Mindset (mentalidade) – a nova psicologia do sucesso, ela nos mostra que existem basicamente dois tipos de mentalidade citadas acima

Mindset fixo

Como o próprio nome diz, esse tipo de mindset está presente nas pessoas que acreditam que as coisas são do jeito que são e ponto final. Por exemplo, quando alguém diz que uma pessoa é inteligente apenas porque nasceu assim. Ou que um músico toca bem o piano porque tem "talento" ou nasceu com um "dom". Ou ainda que um poliglota fala dez idiomas porque tem "facilidade" para aprender.

Em outras palavras, trata-se de uma forma de pensar que atribui um sucesso ou um fracasso ao acaso, e não à força de vontade de cada um.

Na prática, esse tipo de pessoa não valoriza o esforço, já que o resultado dependeria de elementos externos, como o "talento". Além disso, ele limita o crescimento pessoal e profissional, já que mantém tanto pessoas quanto organizações na zona de conforto.

Imagine que seu amigo decide tocar violão, mas nunca nem pegou no instrumento. Depois de apenas uma aula, o mais provável é que ele esteja longe de conseguir tocar perfeitamente. Se ele tiver o mindset fixo, a tendência é pensar: "Eu não levo jeito para isso, então não vou perder o meu tempo".

Observe que mindset fixo é a crença de que nossas qualidades não mudam. Pessoas com essa mentalidade creem que são portadoras de determinadas características, sejam elas de inteligência, sejam de caráter, e essas características ou habilidades existem em quantidade limitada. Não há possibilidade de transformação.

Foi uma psicóloga americana, Carol Dweck, da Universidade de Stanford, que desenvolveu o conceito de mindset fixo, no livro Mindset – a nova psicologia do sucesso. Para explicar o que é mindset fixo, ela narrou um experimento que fez com crianças para avaliar a forma como elas enfrentavam desafios.

Ela apresentou a essas crianças alguns quebra-cabeças de altíssima dificuldade. Diante do erro, algumas delas reagiram de forma negativa, como se, submetidas a um teste, tivessem falhado. Para elas, o erro tomou a dimensão de algo trágico.

Segundo Dweck, pessoas com mindset fixo vivem constantemente entre os polos sucesso-fracasso, aceitação-rejeição, vitória-derrota. Crentes de que suas qualidades são imutáveis, essas pessoas tentam provar a si mesmas e aos outros que possuem qualidades e tendem a não reagir bem diante de uma situação em que sentem que fracassaram.

Exemplos:

Jamais vou mudar.

Não gosto de ser desafiado.

Só faço o que eu já sei fazer.

Mindset de crescimento

Do outro lado dessa história, está o *mindset* de crescimento. Você já deve ter imaginado que ele é o oposto do *mindset* fixo. Isso quer dizer que as habilidades podem ser aprendidas e desenvolvidas, ao longo do tempo, por meio de esforço e dedicação.

Ter esse tipo de mindset permite ao indivíduo enxergar obstáculos e desafios como oportunidades de aprendizado e crescimento. Ou seja, ele defende que a inteligência, os dotes musicais, físicos ou artísticos e qualquer outra qualidade, dependem de empenho, e não de "talento nato" para crescer.

Essa atitude mental oferece a liberdade necessária para a busca de novas soluções e para a autossuperação.

Isso porque a possibilidade de errar ou não parecer inteligente deixa de ser um impedimento e passa a ser vista como parte do processo para conquistar um objetivo.

Deixe-me voltar ao exemplo do seu amigo que quer aprender a tocar violão. Caso o *mindset* dele seja o de crescimento, ele muito provavelmente vai chegar à conclusão de que precisa continuar indo às aulas e praticando para melhorar, até conseguir tocar violão.

Em sua pesquisa, Carol Dweck observou que outras crianças reagiram de uma forma mais positiva. Não se sentiram incapazes e derrotadas diante dos desafios superdifíceis que a elas foram propostos, mas encararam aquilo como uma oportunidade de crescimento.

Pessoas com mentalidade de crescimento creem que podem aperfeiçoar constantemente suas aptidões. Esse tipo de mentalidade, disse Dweck, não está presa ao "agora" como as pessoas de *mindset* fixo. O *mindset* de crescimento tem a ver com a ideia "ainda", ou seja, a noção de que os desafios são uma excelente oportunidade de aprendizado.

Exemplo:

Adoro desafios.

Eu posso aprender o que eu quiser.

Se eu errar, corrijo, faço de novo e aprendo.

Mindset: como saber o seu?

Agora que você já sabe o que é *mindset*, chegou a hora de descobrir se você tem *mindset* fixo ou mindset de crescimento.

Eu acredito que, com as características que eu lhe mostrei, você já pode ter uma ideia do seu tipo de *mindset*.

Apesar de a maioria das pessoas terem diferentes tipos de *mindset* para certas áreas da vida, desenvolver um *mindset* de crescimento em alguma delas pode ser "contagioso". O que eu quero dizer é que se você muda o padrão mental da sua vida financeira, por exemplo, as chances são de que essa mudança se espalhe para outras áreas.

E se você ou seu negócio possuem mindset fixo, não se preocupe, pois essa realidade pode começar a mudar ainda hoje.

Já que um *mindset* de crescimento pode ser desenvolvido por qualquer pessoa e pelo seu negócio também. Até porque mais importante do que descobrir qual o seu tipo de *mindset* é o que você vai fazer com essa informação.

STORTELLING SOBRE MENTALIDADE HUMANA.

A ATITUDE DE UM VENCEDOR

Numa determinada floresta, havia três leões. Certo dia, o macaco, representante eleito dos animais súditos, fez uma reunião com toda a bicharada da floresta e disse:

— Nós, os animais, sabemos que o leão é o rei dos animais, mas há uma dúvida no ar: existem três leões fortes. Ora, a qual deles nós devemos prestar homenagem? Quem, dentre eles, deverá ser o nosso rei?

Os três leões souberam da reunião e comentaram entre si:

— É verdade, a preocupação da bicharada faz sentido, uma floresta não pode ter três reis. Precisamos saber qual de nós será o escolhido. Mas como descobrir?

Essa era a grande questão: lutar entre si, eles não queriam, pois eram muito amigos. O impasse estava formado. De novo, todos os animais se reuniram para discutir uma solução para o caso. Depois de muito tempo, eles tiveram uma ideia excelente.

O macaco encontrou-se com os três felinos e contou o que eles decidiram:

— Bem, senhores leões, encontramos uma solução desafiadora para o proble ma. A solução está na Montanha Difícil.

— Montanha Difícil? Como ssim?

— É simples — ponderou o macaco. — Decidimos que vocês três deverão escalar a Montanha Difícil. O que atingir o pico primeiro será consagrado o rei dos reis.

A Montanha Difícil era a mais alta dentre todas naquela imensa floresta. O desafio foi aceito. No dia combinado, milhares de animais cercaram a montanha para assistir à grande escalada.

O primeiro tentou. Não conseguiu. Foi derrotado.

O segundo tentou. Não conseguiu. Foi derrotado.

O terceiro tentou. Não conseguiu. Foi derrotado.

Os animais estavam curiosos e impacientes. Afinal, qual deles seria o rei, uma vez que os três foram derrotados? Foi nesse momento que uma águia sábia, idosa na idade e grande em sabedoria, pediu a palavra:

— Eu sei quem deve ser o rei.

Todos os animais fizeram um silêncio de grande expectativa. Em seguida, todos gritaram para a águia:

— A senhora sabe, mas como?

— É simples... Eu estava voando entre eles, bem de perto e, quando eles vol taram fracassados para o vale, eu escutei o que cada um deles disse para a montanha.

O primeiro leão disse:

— Montanha, você me venceu!

O segundo leão disse:

— Montanha, você me venceu!

O terceiro leão também disse que foi vencido, mas, com uma diferença. Ele olhou para sua dificuldade e disse:

— Montanha, você me venceu por enquanto. Mas você, montanha, já atingiu seu tamanho final, e eu ainda estou crescendo.

E calmamente a águia completou:

— A diferença é que o terceiro leão teve uma atitude de vencedor diante da derrota e quem pensa assim é maior que seu problema: é rei de si mesmo, está preparado para ser rei dos outros!

Os animais da floresta aplaudiram entusiasticamente o terceiro leão, que foi coroado rei entre os reis, porque teve a atitude de um vencedor.

Moral da história: o vencedor nunca desiste, mesmo na derrota!

AUTOR DESCONHECIDO

O LENHADOR

Um jovem lenhador chegou a uma fazenda onde trabalhava um velho lenhador, famoso na região por ser o melhor dos lenhadores. O jovem era forte, cheio de saúde e vigor. O velho lenhador já estava cansado pela idade. Eis que o jovem, querendo ser o melhor dos lenhadores, desafiou o velho para uma disputa. O vencedor seria quem cortasse o maior número de árvores ao final do dia.

A competição atraiu a atenção de todos os moradores da localidade. Muitos acreditavam que, finalmente, o velho perderia a condição de campeão dos lenhadores, em função da grande vantagem física do jovem desafiante.

No dia marcado, os dois começaram a disputa. O jovem começou avassalador, entregando-se com muita energia e com a certeza de que venceria. Cortou dez, vinte, trinta árvores, e continuava sem parar. De tempos em tempos, olhava para o velho e, às vezes, percebia que ele estava sentado. Pensou que o adversário estava velho demais para a disputa, e continuou cortando lenha com todo vigor.

Ao final do dia, foram medir a produtividade dos dois lenhadores! Todos ficaram chocados. O velho havia vencido a disputa, por larga margem. Havia cortado o dobro da lenha que o jovem cortou.

Intrigado, o jovem perguntou ao velho lenhador:

— Não entendo, muitas vezes quando eu olhei para o senhor durante a competição, notei que estava sentado, descansando. No entanto, conseguiu cortar muito mais lenha do que eu! Como? Isto é impossível!

— Engano seu — disse o velho lenhador. — Quando você me via sentado, na verdade, eu estava afiando meu machado.

Dê sempre o melhor, e o melhor virá...

Moral da história: nem sempre o mais novo ou forte vence, e sim o mais preparado. Prepare-se melhor para vencer.

AUTOR DESCONHECIDO

A CRISE VEM AÍ

Um homem vivia à beira de uma estrada e vendia cachorro-quente.

Ele não tinha rádio, não tinha televisão nem lia jornais, mas produzia e vendia o melhor cachorro-quente da região.

Ele se preocupava com a divulgação do seu negócio e colocava cartazes pela estrada, oferecia o seu produto em voz alta e o povo comprava e gostava.

As vendas foram aumentando, e cada vez mais ele comprava o melhor pão e a melhor salsicha.

Foi necessário também adquirir um fogão maior, para atender à grande quantidade de fregueses.

E o negócio prosperava e prosperava... Seu cachorro-quente era o melhor!

Vencedor, ele conseguiu pagar uma boa escola ao filho. O menino cresceu e foi estudar Economia numa das melhores faculdades do país.

Finalmente, o filho, já formado, voltou para casa e notou que o pai continuava com a vida de sempre, vendendo, agradando e prosperando. Ele teve, então, uma séria conversa com o pai:

— Pai, então você não ouve rádio? Você não vê televisão? Não lê os jornais?

Há uma grande crise no mundo. A situação do nosso país é crítica. Está tudo ruim. Os Estados Unidos vão quebrar.

Depois de ouvir as considerações do filho doutor, o pai pensou: "Bem, se meu filho, que estudou Economia na melhor faculdade, lê jornais, vê televisão e acha isto, então ele só pode estar com a razão!"

Com medo da crise, o pai procurou um fornecedor de pão mais barato (e, é claro, pior). Começou a comprar salsichas mais baratas (que eram também piores). Para economizar, parou de fazer cartazes de propaganda na estrada.

Abatido pela notícia da crise, já não oferecia o seu produto em voz alta.

Tomadas essas "providências", as vendas começaram a cair e foram caindo, caindo e chegaram a níveis insuportáveis O negócio de cachorro-quente, que antes gerava recursos até para fazer o filho estudar Economia na melhor faculdade... quebrou.

O pai, triste, falou então para o filho:

— Você estava certo, meu filho. Nós estamos no meio de uma grande crise.

E comentou com os amigos, orgulhoso:

— Bendita a hora em que eu fiz meu filho estudar Economia, ele me avisou da crise...

Em outra esquina, um vendedor de cachorro-quente concorrente começou a aumentar enormemente sua clientela.

Moral da história: o vencedor começa a fracassar quando dá aos problemas uma importância maior do que eles realmente têm.

AUTOR DESCONHECIDO

TREINAMENTOS DE ALTA PERFORMANCE

Treinamento PLENO:
Programa de Liderança,
Estratégia, Negociação
em Oratória
27, 28 e 29 de maio de 2022
Instrutores:
Walter Kaltenbach, Ricardo Lau e
Marcio Simões
The Napoleon Hill Foundation
MasterMind®

Treinamento de Vendas
de Alto Valor Agregado
Resultado em Vendas, com técnicas do
Treinamento da Turma: R$17.600.770,00
TURMA: Cris Mendes
The Napoleon Hill Foundation
MasterMind®

A PÓS-GRADUAÇÃO

Nos anos de 2012 a 2014, fiz um curso que marcou muito a minha vida, que foi a minha pós-graduação. Era um curso que desejava realmente fazer e acredito que tudo aquilo que você faz com muito amor e dedicação faz bem-feito..

Estava morando na cidade de Iperó quando comecei a pesquisar na internet alguns cursos e vi que havia uma pós-graduação em sistemas de impermeabilização. O que é isso? Na área química para construção, é tudo aquilo que evita que água entre no concreto. Tinha muito desejo de me aprofundar nesse

Assunto, pois me ajudaria demais na área profissional. O curso era realizado no Instituo IDD, localizado na Avenida Paulista, distante de onde eu morava. Iperó fica a, mais ou menos, 120 quilômetros de distância de São Paulo, e meu filho Daniel era pequeno nessa época, e eu teria que ficar mais tempo fora de casa, longe da minha esposa e dele. Fiquei indeciso, mas, com o apoio da Margarete, me matriculei. O conteúdo era interessantíssimo.

Era uma oportunidade, uma vez que todo o conteúdo do curso me deixou motivado para aprender. Fiz minha matrícula e comecei a cursar Tecnologia em Impermeabilização no Instituto IDD, uma turma qualificada e com muita experiência de mercado. Isso contribuiu para meu desenvolvimento intelectual.

Relacionar-se com pessoas que agregam é tudo na vida.

O curso de pós-graduação ajudou a abrir minha mente em comunicação com o mercado de Química para Construção, como normas vigentes e procedimentos nas obras. O conhecimento abriu as janelas do cérebro, e eu percebi que, nesse curso, o nível era elevado, tinha colegas que estavam na quinta faculdade, acreditem! Mas eu só estava preocupado em preparar-me para apresentar ao final do curso o TCC. Isso era o pior para mim, pois a cada semestre tinha um trabalho final e existiam muitas pessoas com grandes experiências, o que me fazia sentir-me um verdadeiro iniciante.

Lógico que a graduação, além de um bom tratamento com o cliente, é primordial ao atendimento, já que, com o conhecimento, você saberá explicar muito mais sobre o assunto para ele, dominando a conversa, visto que está seguro para isso. Com a ajuda do Professor De Lucca como meu orientador, consegui fazer o projeto. Ele me deu muitas dicas para a elaboração do trabalho, o que foi fundamental para mim àquela época. Quando apresentei para o coordenador

André, , ele não só gostou, como o qualificou para outros professores. Além disso, deu-me um enorme incentivo para que eu desse entrada em um mestrado, pois poderia até mesmo vender meu projeto sobre as usina

Algumas empresas apoiaram o projeto, que ganhou recursos até mesmo para contratar um laboratório destinado a testes. Isso tudo marcou muito a minha vida, pois, apesar de não necessariamente precisar ter formação para ser respeitado, senti-me diferente na empresa, as pessoas prestavam atenção com mais seriedade ao que eu falava. Os estudos são muito importantes para nossa vida porque eles nos qualificam para sermos profissionais melhores.

Eu cursava duas vezes na semana: sexta e sábado. Fui agraciado por Deus, pois meus colegas de sala eram talentosíssimos, com várias experiências diferentes. Aprendi muita coisa! De cara, fiquei pensando no TCC, sentia que precisava arrasar nesse trabalho. Eram quatro semestres e, ao final de cada um, precisávamos apresentar um *case*.

Quando chegou o último semestre, foi-nos cobrado um projeto de pesquisa, que nos credenciava para o TCC, e tive a honra de ter aula com o Professor De Lucca, uma pessoa que inspirava qualquer aluno, pois tinha prazer no que fazia.

Apresentei o meu projeto e o professor e coordenador gostou e o qualificou. Então, comecei a elaborá-lo, mas, quando o Professor De Lucca assumiu a orientação, disse-me que meu projeto era bom para um case isolado, que eu deveria pensar em um projeto acadêmico e que poderia evoluir para um mestrado ou para uma empresa dar continuidade. Ele foi muito humilde ao me falar, soube colocar sua opinião sem menosprezar o que eu já havia feito. Ele me deixou motivado e fui em busca de um laboratório. Levei meu projeto como se fosse o maior da minha vida. Contratei um laboratório com parceria de várias empresas, a quem sou muito grato, pois me ajudaram oferecendo os produtos, como a empresa MC-Bauchemie. Meu trabalho era uma análise comparativa, um trabalho experimental, e precisava fazer ensaios. Por isso, havia a necessidade de ser patrocinado pelas empresas com os produtos e paguei com meu próprio dinheiro o laboratório.

O Professor De Lucca me orientou e incentivou o tempo todo. Ele ficou muito entusiasmado com a pesquisa. Este trabalho me credenciou de vez para o mercado, conforme profetizado pelo professor, que me disse que o resultado dele me abriria muitas portas, e foi o que aconteceu. Fui chamado fora do meu universo comercial por uma empresa para fazer especificações técnicas que viraram negócio. O estudo é algo muito importante na vida, e nunca devemos parar de estudar ou de buscar novos conhecimentos.

Apresentei o TCC com naturalidade e alegria. Lembro-me de que os professores que compunham a banca, no início da apresentação, estavam de cabeça baixa e, à medida que minha apresentação se desenvolvia, dava para minha apresentação ver o interesse em seus rostos.

O Professor-Mestre Emílio Minoro, formado pelo ITA , disse: "Bruno, é notório que você se dedicou e escreveu cada trecho com carinho. Me interesso por esse trabalho. A indústria precisa de pessoas como você!".

Qualquer profissional tem que ter um bom professor, um bom mestre como suporte. Minha especialização veio com glórias. Hoje, com meu conhecimento, posso passar para o cliente a segurança das informações sobre o que estou vendendo. O Professor De Lucca fez com que eu acreditasse em meu potencial. Por isso, acredito que os líderes de empresas deveriam passar por um processo de avaliação psicológica. As pessoas precisam entender que grandes corporações, para formar um time, devem exaltar as qualidades da sua equipe, e essa formação não acontece de uma hora para outra.

O que sofri na graduação, conforme relatei anteriormente, superei na pós-graduação. Agarrei a oportunidade que tive, pois éramos um elenco maravilhoso (entre os colegas, havia mestres e doutores). Entreguei-me e fui guiado por Deus em todos os momentos. Minha nota foi a maior da turma no TCC como A+

É com grande alegria que tenho a oportunidade de falar um pouco sobre um extraordinário ex-aluno, Bruno Chagas. Em meados de 2012, tive a oportunidade de ministrar aulas para ele no curso de especialização em Tecnologia da Impermeabilização e já via uma determinação diferenciada em suas atividades em sala de aula. Mas foi durante o processo de orientação do Trabalho de Conclusão de Curso que pude conhecer um pouco melhor sua garra e determinação. A ideia inicial deles (Bruno e seu colega de equipe) era uma apresentação de um case como TCC. Porém, vislumbrei que poderiam mais, e lhes apresentei com mais detalhes o ainda desconhecido por eles Programa Experimental (método de pesquisa que exige muita dedicação, perseverança, dispêndio de recursos financeiros...). Ele, sem hesitar, comprou a ideia e foi até o final. A garra dele era tamanha que, infelizmente, seu colega de equipe não conseguiu acompanhá-lo, pois sucumbira à necessidade desta dedicação extra. Depois de dois anos de trabalho, veio a tão temida banca de defesa do TCC, que Bruno enfrentou com galhardia e obteve a maior nota de sua turma.

Depois desse breve relato, parabenizo-o, sem surpresas, por ter se tornado um tricampeão de vendas de uma multinacional entre mais de mil colegas de trabalho. Assim, com esta obra, sua história de vida será eternizada. Desejo muito mais sucesso na vida do estimado e inesquecívelamigo Bruno.

Com um fraterno abraço,

PROF. LUÍS CÉSAR S. DE LUCA
DIRETOR EXECUTIVO
GRUPO IDD

Nada é tão bom que não possa ser ainda melhor!

Foi uma honra ter sido o instrutor do Bruno Chagas, que participou de dois treinamentos da Fundação Napoleon Hill/Mastermind Treinamentos, com certificação Internacional, sendo que um dos treinamentos foi focado no Desenvolvimento de Técnicas de Vendas de Alto Valor Agregado e o outro em Liderança, Estratégia, Negociação em Oratória.

Ele, por ser uma pessoa de resultados, sabe que chegar ao TOPO pode ser fácil, mas permanecer nele requer constante esforço, aprendizado, desenvolvimento, humildade em reconhecer que, na vida, estamos sempre no caminho do meio, que é o aprendizado.

Bruno nos mostra que a sua trajetória profissional, seus resultados em vendas e com as pessoas são a prova viva de que os campeões sabem ser eternos aprendizes.

Em todos os encontros dos treinamentos, demonstrava total interação em receber novas técnicas e em compartilhar as suas experiências e aprendizados com os demais participantes.

Este livro é apenas a solidificação de uma pessoa que deixa um legado por onde passa.

WALTER KALTENBACH
DIRETOR MASTERMIND TREINAMENTOS
FUNDAÇÃO NAPOLEON HILL

MENSAGEM FINAL

No meu ponto de vista, o fracasso é uma das coisas mais confortáveis que a espécie humana inventou. Ele é agradável e me tira toda a responsabilidade; não dei certo e fui ao fracasso porque meus pais não me ajudaram, por isso que não tive sucesso na vida. É um exemplo de vitimização dos filhos. Fracasso é superconfortável, me faz parar de lutar. No momento em que eu paro de lutar, me sinto tranquilo..

Fracasso é um quarto confortável, o sucesso é um quarto desafiador. Se não quiser causar discórdia, seja medíocre! Seja mediano e se encaixe! Vista-se como eles, ande como eles, aja como eles, coma com eles, vá aonde eles forem, pense igual a eles, faça o que eles fizerem. E, quando neutralizar a sua singularidade, você não vai precisar de coragem, pois é preciso ter coragem para ser diferente, é preciso coragem para ir aonde você nunca foi, é preciso coragem para ser bem-sucedido e é preciso coragem para vencer. As pessoas não falam sobre quem não vence. Se você vencer, elas vão falar de você!

Lembre-se:

Se ligue nisso! Uma garrafa de água numa loja custa R$ 0,99. Se você a comprar em um hotel, custará R$ 5,99; no aeroporto, custará R$ 7,99. A mesma garrafa, da mesma marca. A única coisa que mudará será o local. Cada lugar dá um valor diferente para o mesmo item.

Moral: se você, por acaso, um dia se sentir sem valor, mude de lugar, sempre haverá um lugar que o valorize mais!

Tem gente que pode ajudar você e não o ajuda nem vai ajudá-lo... Sabe por quê? Deus não vai permitir que pessoas o ajudem para depois se vangloriarem, dizendo: “Fulano só tem isso, porque eu o ajudei”.

Pessoas que vão ajudá-lo serão como anjos, aparecerão, ajudarão você e depois seguirão.

Por que eu não divido minha glória com ninguém? Porque, quando a sua vitória chegar, você vai saber que é da parte de Deus.

O problema é que a maioria das pessoas não sabe diferenciar as palavras.

Muita gente fala assim: “Estou cheio de problemas!”

Não, você está cheio de desafios. Problema é quem quer comer e não consegue. O problema é quem quer ir ao banheiro e não pode, por causa de uma limitação, problema é quem perdeu todo mundo que amava, problema é você querer simplesmente se levantar da cama, mas está condenado a ficar deitado para sempre... Esses, sim, são problemas!

Você, que está lendo este livro, não tem problemas, e sim, desafios... Mude suas palavras que você irá mudar o seu futuro.

Aprenda a viver com a ingratidão, espere pouco de você, nada dos outros e tudo de Deus, e você nunca vai se decepcionar com ninguém. Quando você for fazer algo para alguém, pare de querer retorno da pessoa; se ela não lhe der nada em troca, pode ter certeza de que, na maioria das vezes, é isso que vai acontecer, e pior, você ajudou vinte anos consecutivos e, no dia que você precisar dizer não, essa pessoa esquecerá tudo o que você já fez por ela.

Aprenda uma coisa na vida: se você não precisa da aprovação de algumas pessoas, por que se importar com a crítica delas? Você tem que saber quem você é! Muitas vezes, estão querendo roubar sua identidade, é isso, causando caos na sua mente... Já diziam os sábios: "Não existe falta de tempo, existe falta de interesse! Porque, quando a gente quer realmente algo, a madrugada vira dia, a quarta-feira vira sábado, e um simples momento vira oportunidade para sempre!

Muitas pessoas me diziam que eu jamais teria sucesso na Würth, trabalhando na área de vendas em um setor pequeno como o da Construção Civil. Diziam que era impossível ter ótimos resultados, ainda mais com essa cara de bom moço, tipo padre. Que seria muito difícil eu ser um campeão de vendas em um setor tão pequeno como aquele em que eu estava; afinal, não existiam tantos recursos de verba e que eu não poderia quebrar a barreira do faturamento de milhões.

Alguns até me disseram que, para ser um bom vendedor, de sucesso, eu deveria trair minha esposa, pois eu precisava "pegar" a mulherada na noite paulistana e fechar os grandes contratos com os clientes.

Meu amigo leitor, por esse tipo de situação muitos passam ou já passaram na vida corporativa, por isso, deixo abaixo cinco pilares, que classifico como de poder, foco e concentração, e que me serviram de regra de vida para de fato atingir uma *performance* de campeão.

1) Emoções: as negativas representam tudo aquilo que acumulamos em

família, tribos, igrejas e empresas; trazem sentimentos tais como frustração, desprezo, ódio, raiva, rancor e, por isso, qualquer profissional que se deixa abater por tais energias, que permite que elas se instalem em seu corpo, facilitará a destruição da semente do amor e da esperança. Transforme isso em um combustível de explosão para a vitória. Foi assim comigo. Quando as emoções negativas estiveram presentes na minha vida, no meu universo de vendas, em forma de críticas, transformei-as em um mundo de realizações. Você, vencendo sua própria mente, vencerá seu único adversário

2) Afirmação positiva: todos os dias, em todos os sentidos, estou cada vez melhor, ou seja, pregue isso para você mesmo. Deus lhe deu a oportunidade de fazer um dia maravilhoso. Não existe diferença entre a segunda-feira e a sexta-feira, todos os dias são gloriosos quando se ama o que faz.

3) Visualização criativa: você deve conseguir se enxergar como um campeão de vendas, precisa se ver como um profissional de alto nível em sua empresa, um atleta de alta performance ou um músico brilhante. Em qualquer área onde atuar, veja-se mentalmente executando tudo com brilho e sucesso e tenha certeza de que haverá resultado. Não aceite críticas construtivas de quem não construiu nada! Exemplo: uma pessoa nunca trabalhou em uma grande empresa e quer lhe dar conselhos sobre ela? Nunca tocou em uma orquestra top e julga todas as pessoas pelo ego, mas não tem dinheiro para nada? Nunca jogou em um clube de futebol ou basquete, e acha que todo mundo é ruim? Responda assim: "Meu amigo, você não jogou em lugar nenhum, não tocou em lugar nenhum, não trabalhou em uma grande empresa e quer falar algo?". Mesmo que essa pessoa tivesse autoridade, a humildade deveria prevalecer; afinal, ela vai à frente da honra.

ATENÇÃO:

- Cuidado com as pessoas de mentalidades fixas: elas dizem que você jamais será um músico profissional, que nunca jogará na Europa, que nem sonhe em trabalhar na Nasa, que um empresário sem faculdade é impossível etc. Essa é a opinião dos outros. Você quer vencer, portanto, tenha disciplina, disposição e disponibilidade. Tenha em mente que a obsessão vence o talento sempre. Repetir com insistência, até sair um produto de qualidade. Que leve vinte, cinquenta vezes para aprender, mas lute e vença suas dificuldades em qualquer área. Insira uma mentalidade de crescimento.
- Blinde seus ouvidos de pessoas que não agregam nada. Ande com pessoas intelectualmente iguais ou superiores a você. Orientação é melhor que elogio.

4) Moralidade: seja um homem de uma única mulher, cuide dos seus filhos como joias preciosas. Trabalhe para entregar o melhor para sua família. Um homem de negócios que trai sua família não tem caráter algum e, detalhe, certamente vai trair seu funcionário, seu patrão ou seu fornecedor.

5) Regra de Ouro: faça para os outros, como se fosse para você mesmo. Lembre-se de que Deus deu a oportunidade de 24 horas para cada pessoa. Portanto, o livro da crônica de cada pessoa é escrito, seja bom, seja ruim. Entenda que, quanto mais uma pessoa ajuda o seu próximo, os olhos de Deus estarão voltados para ela, de maneira que, quando uma pessoa maldosa tentar algo contra você, ela não prosperará.

ATENÇÃO:

- Eu sempre digo que tem gente que frequenta a igreja por trinta anos, mas nunca serviu às pessoas de coração, nunca supriu um necessitado debaixo de uma ponte, por exemplo. Ser evangélico não é se esconder atrás da Bíblia com discursos poéticos de encorajamento. Vale mais um grama de atitude do que uma tonelada de teoria (falatório). Em contrapartida, há pessoas que nunca frequentaram uma igreja, mas são exemplos de dedicação ao próximo, pois possuem propósito em ajudar aqueles que necessitam de ajuda. Servir às pessoas é um gesto lindo. Não é sobre o que se diz, mas sim o que se faz.... Falar, até papagaio bem treinado fala.

E, para finalizar, espero que minha mensagem possa tê-lo ajudado, meu querido leitor. Foi uma alegria para mim compartilhar partes da minha vida com você. Meu intuito foi o melhor. Se eu pude crescer, você também pode.

Minha mãe sempre disse que é de criança que se faz um homem ou uma mulher de honra. Então, eu agradeço a Deus pela oportunidade em iniciar minha trajetória profissional na área de vendas, com uma caixa de sorvetes e, desde muito cedo, entendi o poder da comunicação. Essa habilidade, de ser comunicativo, ensinou-me a ter orgulho de ajudar os meus pais, com o suor do meu rosto, e adquirir a seguinte experiência: não desistir jamais. Mesmo com sol ou chuva, com apenas dez anos, entendi que precisava avançar. Quase sempre meu pensamento se volta para lá, bem no início da história da caixa de sorvetes, num dia chuvoso na cidade de Osasco, quando eu não havia vendido nenhum sorvete e pedi a Deus que me mostrasse uma porta e Ele me mostrou um ginásio de esportes, onde estava sendo realizado um festival de futsal. Naquele dia, eu entrei e aquele local virou meu melhor cliente, justamente quando todos os outros vendedores de sorvete desistiram por causa da chuva e foram para casa, eu fiquei, clamei a Deus e fui até o final. Por isso, cheguei na glória.

Encerro esta mensagem com a seguinte reflexão: na vida, vão dizer que você não tem potencial, que é fraco e limitado, mas lembre-se de que você pode ter momentos de fraqueza, porém, perto de você há um Deus todo-poderoso, que o fará um campeão na vida.

Então me diga, meu amigo, onde você irá esvaziar a sua caixa de sorvetes na vida? As oportunidades não caem do céu, elas são construídas por você!

"Se Deus permitiu um processo doloroso, é porque o propósito é ainda maior. Não foi para te punir, mas para te capacitar."

AUTOR DESCONHECIDO

@PALESTRANTEBRUNOCHAGAS

www.palestrantebrunochagas.com.br

Projeto por Soul Editora

Fontes dos títulos: Bebas Neue, Brioso Pro.

Nas legendas: Bilbo

No miolo: Bookerly.

Impresso em papel Pólen Natural 80grs/m2.

Impressão e Acabamento | Gráfica Viena
Todo papel desta obra possui certificação FSC® do fabricante.
Produzido conforme melhores práticas de gestão ambiental (ISO 14001)
www.graficaviena.com.br